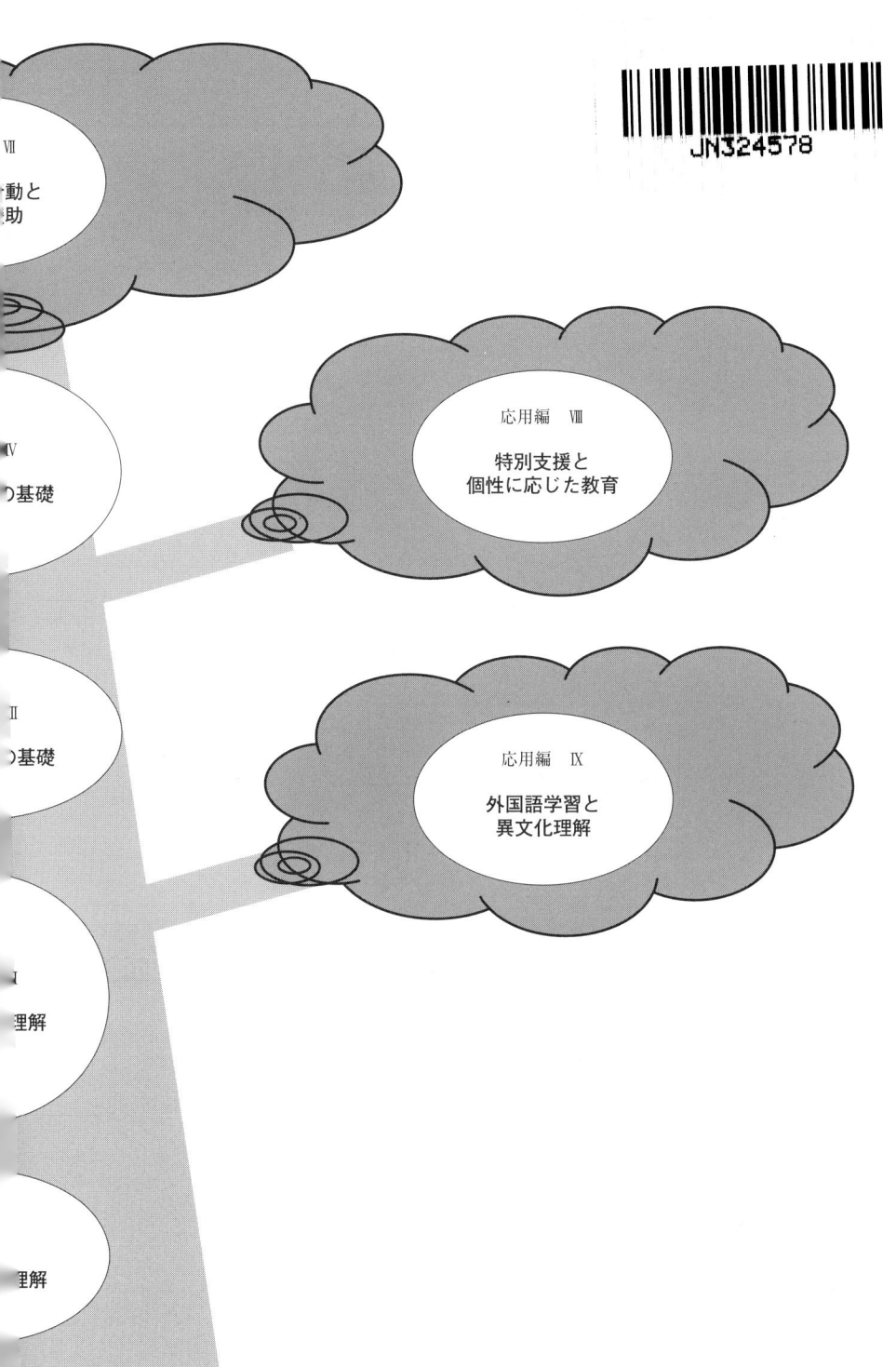

発達と教育

心理学をいかした指導・援助のポイント

井上 智義
山名 裕子
林　創

樹村房
JUSONBO

はじめに

　本書『発達と教育：心理学をいかした指導・援助のポイント』は，2007年に樹村房より出版された『教育の方法：心理学をいかした指導のポイント』の姉妹版です。本の基本的な構造やコンセプトはほぼ踏襲していますが，本書は「発達的な視点」を全面に出しています。そこには以下のような執筆者の思いがあるからです。

　執筆者の3名は，いずれも発達心理学と教育心理学を専門にしています。幼児期・児童期の子ども，そして文化的背景の異なる子ども，聴覚に障がいのある子ども……さまざまな子どもの発達過程を基礎に，教育のあり方について研究しています。ときには実験的な手法をもちいて，ときには発話分析などの質的な手法をもちいて，多面的に子どもの発達過程をとらえようとしています。またそれぞれが現場に赴き，子どもに接しながら，「発達的理解とはどういうことなのか？」ということを考えようともしています。しかし教育の現場では，必ずしも子どもの発達的理解に基づいた教育がおこなわれていないこともしばしばみられます。たとえば，幼児教育の世界でも，いわゆる「○○式」と呼ばれるような画一的で科学的根拠が乏しい教育方法がおこなわれていたり，3歳児でも「あの子は落ち着きがないから障がいがあるのでは……」など，いわゆる発達障がいの間違った認識がみられたりします。

　子どもの教育にかかわる大人は，一人ひとりの子どもの発達を理解しながら，子どもと接する重要性を肌で感じています。しかし一方で「単調増加」的な発達理解，「小さな大人」としての子ども理解，自分が育ってきた環境に基づく教育など，必ずしも適切でない発達的理解に基づくことも現実にあります。それは発達を理解するという，とても当たり前ではあるけれども難しく，答えが一つではない発達観を，実はさほど議論してこなかったからだと思っています。一見「効果的」な教授法は，ともすれば，すぐに効果がなくなるものかもしれません。何かが「できる」ことだけを重視するのであれば，それは簡

単にできなくなることをさすかもしれません。そうではなく，私たち，一人ひとりが当たり前と思っている発達的理解とはどういうことなのか，発達観とはどういうものなのか，今一度，目の前の子どもと向かい合いながら考えることが，大切なことだと考えています。

　本書を読み進めていただければおわかりになるかと思いますが，執筆者3名も，教育において発達の理解をふまえることがもっとも重要である，ということは共通認識としてもっていますが，それぞれの発達観は違います。本書では，それぞれの発達観をいかしながら，それぞれが教育において重要だと考える発達的理解について執筆しています。読者のみなさまも，各執筆者の発達観に触れながら，ご自身の発達的理解，発達観を深めていただければ幸いです。そしてそれをきっかけに，多面的に子どもをみていただければ，と思っております。

　最後になりましたが，樹村房の大塚栄一氏，石橋雄一氏に心よりお礼を申し上げます。大塚氏は前作の『教育の方法』からたずさわっていただいております。学会でお会いするたび声をかけていただき，さらにインフォーマルな会議の中では，一冊の本にこめる思いを熱く語っていただき，私たち執筆者も触発されました。また石橋氏には，編集作業の中で温かい激励をしていただきながら，さまざまな調整をしていただきました。お二人の寛容なお力添えがあったからこそ，執筆者それぞれの個性を充分に発揮できた本書が完成したのではないかと思っております。記して感謝いたします。

　　　2011年5月10日

　　　　　　　　　　　　　　　　　　　　執筆者を代表して　山名　裕子

も く じ

はじめに……………………………………………………………… iii
本書の効果的な使い方……………………………………………… vi

基礎編
 Ⅰ 発達過程の理解 ……………………………………………… 1
 Ⅱ 認知発達の理解 ……………………………………………… 19
 Ⅲ 社会的認識の基礎 …………………………………………… 45
 Ⅳ 学習と記憶の基礎 …………………………………………… 57

応用編
 Ⅴ 遊びの中の学び ……………………………………………… 79
 Ⅵ 外界の認知と社会性の発達 ………………………………… 97
 Ⅶ 子どもの行動と適切な援助 ………………………………… 117
 Ⅷ 特別支援と個性に応じた教育 ……………………………… 133
 Ⅸ 外国語学習と異文化理解 …………………………………… 151

あとがき ………………………………………………………………… 171

引用文献 ………………………………………………………………… 172
さくいん ………………………………………………………………… 179

前見返し………9の指導と援助のポイントと本書の内容（構造図）
後ろ見返し……9の指導と援助のポイントの解説

本書の効果的な使い方

　本書はそれぞれのトピックについて，見開き完結型の構成です。これは，ひとつのまとまったトピックを効率よく学習するための工夫です。左側ページの説明文はできる限り簡潔な内容にとどめ，右側ページに図表や写真・イラストを配置することにより，具体的な理解を促進させるヒントを示しています。

　発達心理学や教育心理学の辞書として活用したい，資格試験や採用試験などで出題されやすい項目を勉強したい，仕事仲間が使っている用語を正しく理解したい，そのようなときに，きっと役立つでしょう。

　それだけではなく，本書では，好ましい子どもとの接し方や発達のとらえ方について，読者の皆さんに考えてもらえるように，子どもの様子を具体的に記述することにも心がけました。単なる用語の知識の詰め込みに終わることなく，発達と教育をとらえる適切な視点について学んでいただければと思います。子どもの立場に立つことによって，好ましい発達観や教育観が見えてくるのではないでしょうか。実際にいる子どもの様子と記述内容をダブらせながら，是非お読みください。

　細切れの時間はあっても落ち着いて勉強できない，ゆっくり時間をかけて読書することができない，そういう多忙な人たちのために，本書はあえて見開き完結型の読みやすい形式にしています。ですから，本の最初から順序だって読んでいく必要はありません。読みたいと思うトピックから，あるいは，気になる用語が書かれているページから，自由にお読みください。もちろん，関連の内容が，そのトピックの前後に掲載されていることが多いはずです。ついでに，それらの内容も必要に応じて参照ください。

　内容的には本書は四つの章からなる基礎編と，五つの章からなる応用編に分かれています。応用編のある章から読み始めて，基礎編に戻る，そして他の応用編を読んでいく。そのような順序での読み方が，本書を効果的に活用するのに適しているかもしれません。

（文責：井上智義）

基礎編

I　発達過程の理解

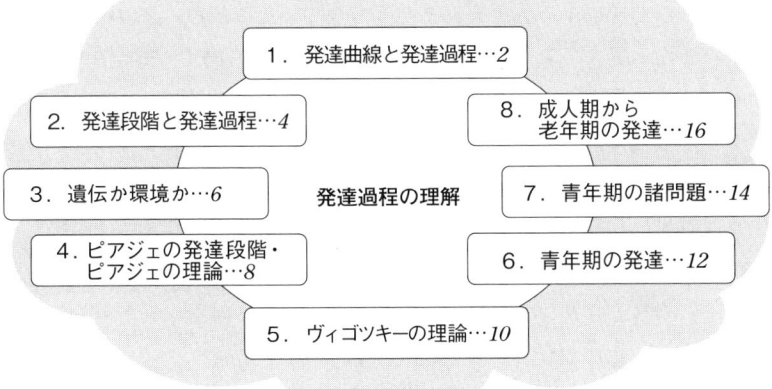

発達心理学の基本的な考え方，基礎的な理論がまず紹介されています。最近では，「発達」という用語は，一生涯の発達を意味することが多くなりました。身体が大きくなること，できなかったことができるようになることだけが発達だと思っておられる方は，この章をゆっくりお読みください。

I−1　発達曲線と発達過程

　年齢にともなう心身の変化の様子を，横軸（x 軸）に時間（年齢），縦軸（y 軸）に成長または発達する量の計測値をとって構成した曲線を，成長曲線（growth curve）または発達曲線（developmental curve）と呼ぶ（藤村，2005）。
　発達曲線は，図Ⅰ-1のようにさまざまな発達過程を示すことができる（ I-2 参照）。たとえば，単調増加の線形曲線，何も変化しないように見える時期がある曲線などがある。そして，波線のような右肩あがりの単調増加する曲線を，いわゆる平均的な発達段階としてきたことも事実である。しかし，そのような平均的な子どもは現実的には少ないかもしれない。
　いろいろな曲線の中でも，それまではできていたことが，途中いったん減少してからまた上昇するような曲線をU字曲線と呼ぶ。図Ⅰ-2ような課題があったとしよう（西林，1988）。この課題は，1本の長さが60 cm の模型の柵が2本あり，さらに折り曲げて，一方は正方形，一方は長方形を作る。2つの四角形の面積はどちらが大きいだろうか？　同じだろうか？　これを3歳から大学生まで対象にした結果が図Ⅰ-3になる。低学年の子どもには，「面積」ということばがわからない場合があるので，緑色の紙の上に正方形と長方形の柵を置き，中にそれぞれウシのおもちゃを置いて「どちらのウシがたくさん草を食べられますか。それとも同じですか？」と聞いている。
　おわかりのとおり，長方形に比べて正方形の方が大きくなるのが正答となる。しかし図Ⅰ-3のとおり，必ずしも年齢にともなって正答が増えるわけではない。むしろ，幼い年齢の子どもの正答率が高く，小学校に入ると低くなり，大学生になると再び高くなる，という曲線を描く。「周の長さが同じなら，正方形でも長方形でも面積は同じ」と考えることが大人でも多いが，知識や経験が増えることによって，このような混乱を示すこともある。
　私たちは，年齢が上がるといろいろなことが「できるようになる」と考えがちである。しかしそうではなく，年齢が上がるからこそ，できなくなったり停滞してみえることも多くある。一人ひとりの子どもの発達過程をどのように理解するのかによって，その子どもへの援助は変わってくるだろう。

I-1　発達曲線と発達過程

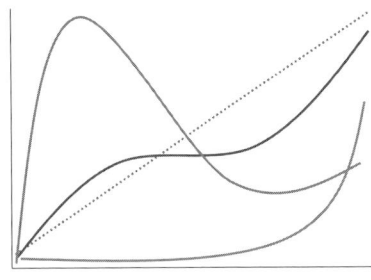

図 I-1　さまざまな発達曲線
▶波線がいわゆる平均的な発達曲線だとしたら、それ以外の発達過程を描く子どももたくさんいる、ということを示している。

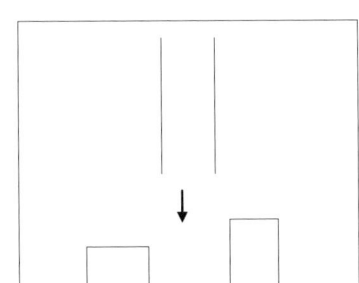

図 I-2　同じ周長の正方形と長方形、どちらの面積が大きいか？ （西林, 1988）

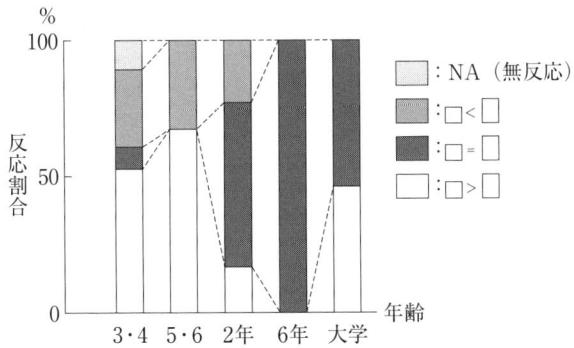

図 I-3　等周長課題に対する反応別割合 （西林, 1988）

（山名）

I-2　発達段階と発達過程

　図 I-4 では，マツの木とチョウを例に挙げ，発達の連続性と非連続性を示している（多鹿, 2009）。マツの木のように，1年1年，少しずつ成長していくような変化を「発達の連続的変化」といい，それに対して，完全変態をおこなうチョウのように，幼虫がさなぎになり，チョウになるような変化のことを「非連続的な変化」という。たとえば，認知の発達段階としてはピアジェの発達段階論がよく知られているが（I-4 参照；表 I-1），感覚運動期から前操作期，あるいは前操作期から具体的操作期への以降には，完全変態のような質的な変化をともなうことを想定している（III-1 参照）。また発達の順序性，普遍性，さらには，どの領域においても同じような質的な変化がおこる領域一般性という考え方が反映されている。しかしこのような考え方に対して，領域固有性を主張する研究も多くみられる（IV-4 参照）。
　たとえば，最初に述べたマツの木のような連続的な発達観に立ち，さまざまな現象をとらえる立場として，シーグラーは図 I-5 (a) に示すような重なり合う波のモデル（overlapping waves model）を提唱している（Siegler, 1996）。これは，発達のそれぞれの時点において，ひとりの子どもが思考の多様な表し方（ここでは方略）を備えていて，ある時点においては，より効率のよい方略が選択されることを示している。このモデルは完全変態のような質的な変化が年齢のある時期に起こるのではなく，連続的で穏やかな変化を想定している。
　発達を連続的にとらえるか，あるいは非連続的にとらえるかというのは，どちらが正しいということよりは，発達という現象をどのように説明し，年齢の変化によって，何が変わるのかということを考えることが重要である。
　ところで2008年に改訂された幼稚園教育要領では，「発達段階」ではなく，「発達過程」ということばが使用されている。その背景として，一人ひとりがどのような発達の「過程」を通ってきたのかを保育者が理解し，その発達過程に応じた教育をする，ということがいえる（I-1 参照）。鯨岡（2008）は，子どもの発達の過程を「育て─育てられる」関係から述べている。ことばだけの問題ではなく，保育者や子どもにかかわる大人は十分に考える必要があるだろう。

Ⅰ-2 発達段階と発達過程

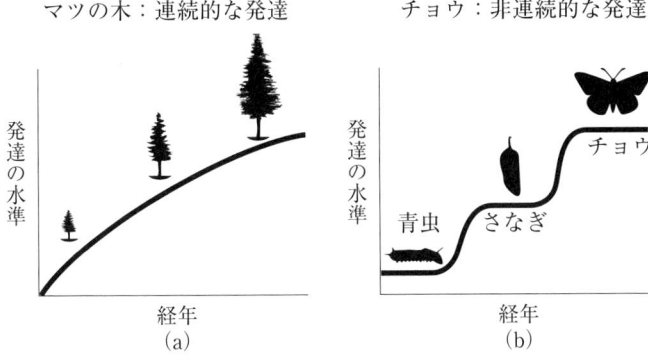

図Ⅰ-4　連続的な発達と非連続的な発達 (Siegler, Deloache, & Eisenberg, 2006；多鹿，2009より引用)

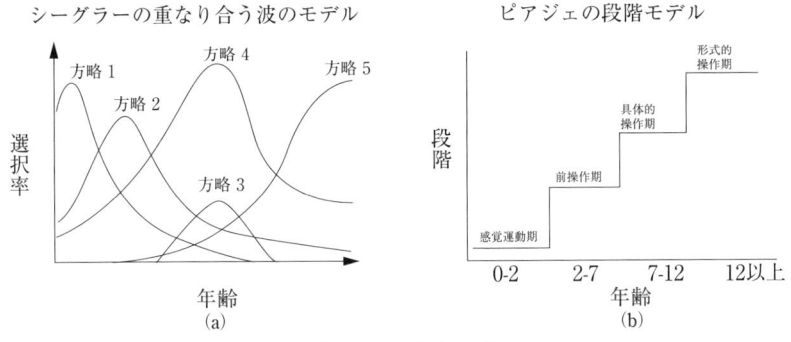

図Ⅰ-5　シーグラーとピアジェの発達モデル (Siegler, 1996より引用)

(山名)

I-3　遺伝か環境か

　発達における遺伝と環境の問題は，長い歴史をもつ問題である。ゲゼルは双生児の一方に，生後46週から6週間階段登りの訓練をさせた。もう一方にはその間訓練をさせず，相手が終わってから2週間だけ訓練をさせたところ，相手よりも階段を速く登れるようになった。このことから，ある学習が効率的に成功するには一定の成熟が必要である（これを「レディネス（readiness）」と呼ぶ）とされた。このように，行動の出現順序は，遺伝的に決定されているという考え方を重視するものを「生得説」（「成熟優位説」「遺伝説」）と呼ぶ。

　これに対して，環境の重要性を意識し，何らかの経験の重要性を説くものを「経験説」（「環境優位説」）と呼ぶ。カモなどの鳥の雛が，生後間もない時期に出会った動く対象（親鳥だけでなく，人間でもおもちゃでも良い）を後追いするようになると，それが半永久的に続く。このように，初期経験により固定的な行動が定着することを「刻印づけ（刷り込み）（imprinting）」と呼ぶ。刻印づけは，生後の一定の期間のみ生じる。このように，ある特性を獲得するために限られた期間を「臨界期（critical period）」と呼ぶ。「行動主義（behaviorism）」もこの経験説を重視するものである。

　現在では，遺伝的要因と環境的要因が，相互作用して発達が進むと考えられている。シュテルンは両要因が加算的に作用する「輻輳説（ふくそうせつ）」を提唱した。また，ジェンセンは，環境条件があまりに劣悪であれば発達が妨げられるものの，一定水準（閾値）以上であれば環境の違いはあまり問題でないと考え，「環境閾値説」を提唱した。たとえば，言語のように環境条件が悪くても遺伝的性質によって現れてくるものもあれば，絶対音感のように，かなり豊かな環境条件がないと遺伝的性質が現れにくいものである。

　ある人の遺伝的素質がどの程度かは，さまざまな努力をして明らかになることである。また，近年では，臨界期はそれほど厳密なものでなく，もっと広がりを持つものであり，「敏感期（sensitive period）」と呼ぶことが一般的である。たとえば，重度の精神遅滞児なども，かなりの程度の社会的適応が可能になる。これらのことを考えると，教育においては容易に環境の閾値を設定せずに，努力をすることが求められる（Blakemore & Frith, 2005；高橋，1994a）。

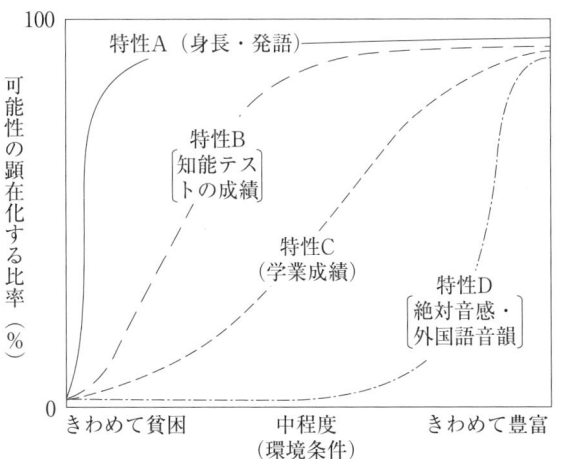

図 I-6 遺伝的可能性が顕在化する程度と環境の質の関係
(石崎, 2004より引用)

■環境閾値説は，身長などの形質が発現されるにあたって，それに必要な環境要因の質や量は異なり，各形質はそれぞれに固有の閾値としての一定水準をもっているという説である。

　たとえば，身長のような形質（図の特性A）は，よほど不良な環境条件でない限りその可能性を実現していくが，絶対音感というようなもの（図の特性D）は，最適の環境条件に恵まれたうえに，一定の訓練を受けないと身につかない。

　それゆえ，それぞれの形質は，環境条件が非常に不適切であるとその発達は阻止されるが，その形質にとっての閾値を超えれば発現すると考えられる。

(林)

I-4　ピアジェの発達段階・ピアジェの理論

　ピアジェ（Piaget）は，人間の認識の起源を系統発生と個体発生の両面から明らかにしようとする発生的認識論の立場から，「同化（assimilation）」と「調節（accommodation）」という概念をもちいて，人間がどのように行動様式（シェマ）を獲得していくのかを示している。人間は，外界にあるものを自分のシェマに取り入れようとする。これを同化と呼ぶ。そして，同化する際に自分のシェマを変化させることを調節という。たとえば，誕生後に何かを吸おうとするシェマをもちいて，外界にあるもの（お乳など）を取り入れようとすることが同化，お乳を取り入れようとする際に，乳房やほ乳瓶に合わせて口の形を変えるというように自分のシェマを変化させることを調節という。認知発達は，まず同化と調節が可能となることから始まり，これらを繰り返しながら安定したシェマになっていく過程を均衡化（equilibration）と呼ぶ。

　感覚運動期は，原初反射をもちいながら世界を認識し始める時期である。誕生から約2年間であるが，ピアジェはこの時期をさらに6段階に分け，シェマの獲得の段階を説明した。前操作期では，2歳前後から表象機能が発達することによって，ことばを今まで以上にもちいて世界を認識し，見立て遊びや延滞模倣（V-3 参照）をすることが可能になる。しかし，直感的であったり，一般性がなかったりする。さらに，他者の視点がまだ十分には理解できなかったり（VI-1 参照），保存課題に失敗したりする。この時期の子ども特有の認識として，アニミズム的思考も挙げられる（VI-6 参照）。

　日本では小学校の時期にあたる7，8歳から11歳頃までの時期を，具体的操作期という。この時期の子どもたちは，他者の視点に気づいたり，保存課題に達成するなど，具体的な文脈の中では論理的な思考が可能になってくるが，具体的ではない抽象的な事柄については理解が難しい。また身近な出来事や自分自身の経験に，思考が左右されることも多い。11歳以降の形式的操作期と呼ばれる時期では，自分の経験や現実社会のことだけではなく，実際には経験することができない事柄や具体的ではない事柄についても，論理的な思考が可能になる。

I-4 ピアジェの発達段階・ピアジェの理論

表 I-1　ピアジェの認知発達段階（郷式, 2003を改編）

段　階	下位段階	およその年齢	特　徴
感覚運動期 (sensori-mo-ter period)	第1段階 （生得的なシェマの同化と調節）	0〜1ヶ月	たとえば，赤ちゃんは胎内にいるときから唇に触れるものをくわえ，吸おうとする行動様式（シェマ）をもっている。生まれ出ると，このシェマをもちいて外界にあるもの（乳）を取り入れる（同化）が，乳房あるいはほ乳瓶の形状に合わせて自分のシェマを変化させること（調節）も必要である。認知発達は，まず，この同化と調節が可能となることから始まる。
	第2段階 （第1次循環反応）	1〜4ヶ月	手や足をバタバタさせるといった，自分の身体に関して経験した反応を繰り返す段階であり，すでにもっているシェマ同士を組み合わせようとし始める。
	第3段階 （第2次循環反応）	4〜8ヶ月	ベッドの棚を蹴って棚につけてあるモビールを揺らそうとするなど，自分の外部に興味ある事柄を見つけ，それを再現しようとする。
	第4段階 （2次的シェマの協応）	8〜12ヶ月	一つの結果を得るために，二つの別個のシェマを組み合わせることができる。
	第5段階 （第3次循環反応）	12〜18ヶ月	外界に対し，いろいろはたらきかけて，その結果を見ようとする行為がみられる。
	第6段階 （洞察のはじまり）	18ヶ月〜2歳	活動に移る前に状況を考える。
前操作期 (preoperati-onal period)	前概念的思考段階 （表象的思考段階）	2〜4歳	この段階ではバナナを電話の受話器に見立てるといったふり遊びや，目の前にいない人の真似（延滞模倣）などが活発にみられる。また，ことばの使用も始まるが，この時期の思考には，大人の概念にみられるような抽象性や一般性がない。
	直観的思考段階	4〜7歳	前概念的思考段階に比べると，この段階の思考では，大人に近い概念を用いることができるようになる。しかし，その思考はものの外観によって影響を受けやすく，一貫性を欠くため，「直観的」であるとみなされる。
具体的操作期 (concrete operational period)		7〜11歳	具体的な事物や助けがあれば，見た目に左右されずに論理的な思考ができる。脱中心化や保存概念が成立する。
形式的操作期 (formal operational period)		11, 12歳〜	現実の具体的な対象だけでなく，頭の中で抽象的かつ論理的な思考ができる。

（山名）

I-5　ヴィゴツキーの理論

　発達と教育の関係を論じるとき，意識する，しないにかかわらず，「発達を待つ，成熟を待つ」立場と「発達をうながす」立場があるように感じられる。「発達を待つ」というのは，「まだその時期ではない」というように，何かをおこなうための準備（レディネス）ができていないことを考えている立場である。後者の「発達をうながす立場」，すなわち積極的なはたらきかけによって，新しい発達の可能性を拓くという考え方の一つに発達の最近接領域（ZPD：Zone of Proximal Development）がある（大久保，2002）。

　たとえば図 I-7 a）のように，一人で何かをする水準は同じだとしても，教師や友達の援助を受けた場合，その能力に差が見られる場合がある。ヴィゴツキー（Vygotsky）は発達を 2 つの水準に考え，「すでに到達している発達水準」と「現在発達しつつある水準」に分けて，この違いを発達の最近接領域とした。発達の最近接領域には個人差もあり，同じ援助でもこの領域が広がる人もいれば，そんなに広がらない人もいる。つまり，同じ教授方法でも受け取り手によって，効果が違うことを示している。また，図 I-7 b）は発達の最近接領域を，違う図で模式的に示したものである（青木・丸山，2010より引用）。彼女たちはこの図の説明の中で，援助者の指導や方法として，「足場づくり（scaffolding）」が有効であることを指摘している（青木・丸山，2010）。足場づくりとは，子どもが自分でできるようになるために，具体的なヒントを与えたり，例を出したりして，サポートすることだと述べている。

　発達の最近接領域を考えるとき，「現在発達しつつある水準」への援助の仕方は，その子どもが属している社会や文化の価値を反映している。ヴィゴツキーは，ピアジェがあまり議論していなかった，社会・文化的価値を重視している。私たちは社会・文化的価値を身にまとい生活している。その社会・文化的価値には，個々の教師の価値，その学校の理念なども含まれる。良い悪いという価値判断や，単なる処方箋的な教育方法ではなく，何を伝えていきたいのか，本質的に大切なことはどういうことか，ということをもっと考えることも重要なのだろう。

Ⅰ-5　ヴィゴツキーの理論

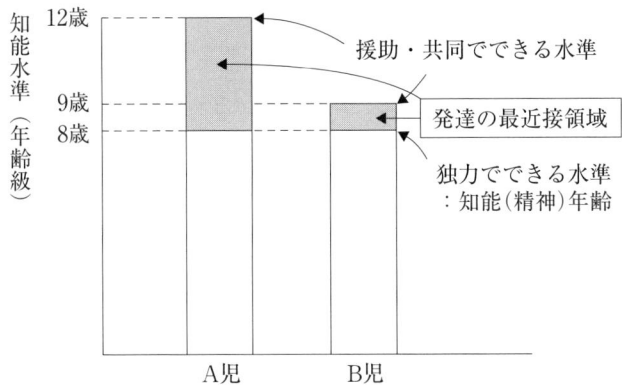

（A児とB児は知能年齢が等しいが，発達の最近接領域は A児のほうがB児より大きい。）

図Ⅰ-7a）　ヴィゴツキーの「発達の最近接領域」とその個人差
（ヴィゴツキー自身の例示による：大久保，2002より引用）

図Ⅰ-7b）　発達の最近接領域の模式図（青木・丸山2010より引用）
a，bどちらもヴィゴツキーの発達の最近接領域を示した模式図である。

（山名）

I-6　青年期の発達

　青年期は，中学校に通い始める12歳頃から始まり，その前期は思春期とも呼ばれる。その終わりは，就職と結婚が決まる頃を重視する見方もあるが，ライフスタイルの多様化により，おおむね20代中頃～後半頃とされている。

　青年期は，自分の一生を左右する問題に直面し，進学や就職などの進路の問題，友人関係や異性関係と結婚，人生観や価値観の確立をする時期である。それゆえ，自分はいったいどんな存在なのかとか，自分には何ができるのかといった自己意識が明確になってくる時期でもある。この自分が自分であるという自覚のことを，エリクソン（Erikson & Erikson, 1997）は「アイデンティティ（自我同一性）」と呼び，これは青年期の重要概念となっている。

　アイデンティティを確立することは簡単ではない。人は社会で生きていく上で，環境に合わせようとする方向と，それを崩そうとする方向の両方によって「心理社会的危機」と呼ばれる葛藤を抱く。心理社会的危機を通して，自覚的にゆるぎない自分を確立していくことを「アイデンティティ達成」と呼ぶが，逆に自らを見失って混乱していくことを「アイデンティティ拡散」と呼ぶ。また，アイデンティティの達成を遅らせる期間のことを「心理社会的モラトリアム」と呼ぶ。モラトリアムとは，もとは災害や恐慌の非常事態における「支払い猶予期間」を意味する経済用語であるが，エリクソンは，このことばを転用し，「青年が社会から責任や義務の免除を受けていること」を表現した。

　さらに，青年期は時間的展望が確立する時期でもある。時間的展望とは，将来のことを考えたり，過去のことを思い出したりして，現在の行動に影響を与える概念であり，ある時点における個人の心理的過去および心理的未来についての見解の総体（Lewin, 1951）をさす。過去を意味づけ，未来を構想し，現在の生活を切り開いていくことは，アイデンティティの形成につながる（都筑，1999）。ピアジェの発達段階でいえば，青年期は形式的操作期に重なるが，これは仮説的なことやさまざまな可能性を具体的な事実にとらわれずに広く考えることができる時期である。また，行動の制御を支えるモニタリングといったメタ認知能力も発達し，こうした認知発達も時間的展望を支える。

I-6 青年期の発達

Ⅷ 老年期								統合性 対 絶望, 嫌悪
Ⅶ 成人期							世代性 対 停滞, 自己耽溺	
Ⅵ 初期成人期				連帯 対 社会的孤立	親密性 対 孤立			
Ⅴ 青年期	時間的展望 対 時間的展望 の拡散	自己確信 対 自意識過剰	役割実験 対 否定的アイデンティティ	達成の期待 対 労働麻痺	アイデンティティ 対 アイデンティティ拡散	性的アイデンティティ 対 両性的拡散	指導性と服従 対 権威の拡散	イデオロギーへの帰依 対 理想の拡散
Ⅳ 学童期				勤勉性 対 劣等感	労働同一化 対 アイデンティティ喪失			
Ⅲ 遊戯期		自主性 対 罪悪感			遊戯同一化 対 空想アイデンティティ			
Ⅱ 幼児期初期		自律性 対 恥, 疑惑			両極性 対 自閉			
Ⅰ 乳児期	基本的信頼 対 基本的不信				一極性 対 早熟な自己分析			

図Ⅰ-8　エリクソンの漸成理論の図（中間, 2007を参考に作成）

■エリクソンは，発達を生涯的にとらえ，人生周期を8段階に分けて，それぞれでの人格形成上の重要な発達課題と心理・社会的危機を考えた。青年期はアイデンティティの達成と拡散が対立する時期である。

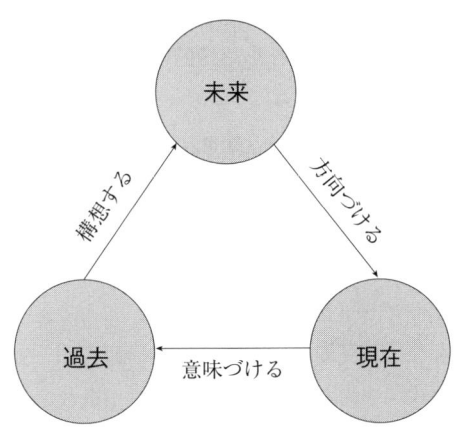

図Ⅰ-9　時間的展望の編成過程（白井, 2001）

(林)

I-7　青年期の諸問題

　青年期は，アイデンティティを模索する時期であるが，同時にさまざまな不適応や障がいが顕著になる時期でもある。飲酒や喫煙など社会的秩序を乱して法に抵触する非行に走るなど，反社会的行動が生じやすい時期でもある。以下に代表的なものを紹介してみたい。
　「対人恐怖」は，他人と同席する場面で強い精神的緊張が生じ，他人に嫌がられるのではないかなどと考え，対人関係からできるだけ身を引こうとする神経症の一つである。先生に声をかけられるのが怖くなったり，友人に嫌われているのではと気になり，不登校につながることもある。
　「摂食障がい」は，食べるという行為に支障をきたしている状態である。女性の発症率が男性よりも高く，強い痩せ願望や肥満への恐怖が基本となる。食べることをやめてしまう拒食症と食べ過ぎてしまう過食症がある。
　「統合失調症」は，ありえないことを次々思い浮かべたり，周りの人が自分の悪口を言っているのではないかと思うなど妄想や幻覚，幻聴などの精神症状が出現することである。以前は「精神分裂病」と呼ばれていた。
　「境界性人格障がい」は，激しい気分の変動により，自傷行為や浪費など破滅的な行動をとったり，周りの人々を感情的に強く巻き込み，称賛したかと思うと侮蔑したりする。
　一般に，こうした不適応の背後には家庭問題が介在していることが多いが，学校現場にもその影響が表れる。経験の若い教師は，子どもたちにこれらの症状がみられると慌ててしまうかもしれないが，冷静な対応が大事である。具体的には，校長等の管理職やスクールカウンセラーに相談したり，学外の専門機関に生徒を紹介するなど，早目に他者に相談し，一人で抱え込まないようにすべきである。子どもには，長期的に継続可能で信頼関係を生み出せる環境を整える必要があるだろう。そのためには，部活動や生徒会活動などを勧めるのも良いかもしれない。いずれにしても，教師は，生徒の言動に振り回されない強さや信念，適切な自尊心をもつことが重要である。

表 I-2　青年期のさまざまな症状と学校での援助のポイント
（伊藤, 2006を参考に作成）

名前	症状	学校での援助のポイント
対人恐怖	他人と同席する場面で強い精神的緊張が生じ、対人関係からできるだけ身を引こうとする神経症の一つ	・「友達が自分のことをどう思っているか」を聞かせると、自分のことを嫌っているわけではないことがわかり、安心する可能性がある ・スクールカウンセラーによる行動療法的なアプローチ（Ⅶ-4 参照）
摂食障がい	食べるという行為に支障をきたしている状態で、強い痩せ願望の影響が強く、女性の発症率が高い	・ふだんの生徒の様子をよく観察する ・心理的援助には、家族への介入が必要になることが多い ・本人の身体をいたわる言葉に配慮が必要
統合失調症	妄想や幻覚、幻聴などの精神症状が出現すること	・急に学校を休みがちになったり何らかの変化があることが多く、早めにスクールカウンセラーなどの専門家に相談する ・子どもの状態が安定して通学を再開するときには、クラスになじめるようにしたり、教職員間で生徒の状態に共通理解を形成しておく
境界性人格障がい	激しい気分の変動により、自傷行為や浪費など破滅的な行動をとったり、周りの人々を感情的に強く巻き込む	・管理職やスクールカウンセラーに相談したり、学外の専門機関に生徒を紹介する ・長期的に継続可能で、安全で生産性のある趣味や、人間関係を得る環境を整える部活動や生徒会活動などを勧める ・生徒の言動に振り回されない強さや信念、適切な自尊心をもつ

（林）

Ⅰ-8　成人期から老年期の発達

　成人期は，青年期に続くもので，個人が社会から一人前だと認定される段階以降であり，20代後半から60代頃までとされる。配偶者を得て，家族を形成し，子どもの教育や仕事を経て，社会的責任を全うしていく時期である。

　職業の面では，個人が生涯にわたって歩んでいく職業や職務の軌跡や経歴をキャリアと呼ぶ。古典的なキャリアの発達の理論（Super, 1957）では，自分のことや職業について知る成長段階（0～14歳），職業の希望を形成し実現していく探索段階（15～24歳），職業を確定し，地位を築く確立段階（25～44歳），地位を保持する維持段階（45～64歳），諸活動から退き，退職する下降段階（65歳～）とされ，成人期はプロの職業人としての地位形成に重要な時期である。ただし，職業意識が多様化し，終身雇用制が崩れた近年は，年齢や段階などでより多様な発達プロセスが想定されるようになっている。

　家庭の面では，子育ての楽しさと難しさを感じることになる。早期教育の是非など多くのことに悩む時期であるが，子どもの自然な発達や適性を無視した教育は避けるべきであろう（Ⅴ-7　参照）。

　成人期の次は老年期であり，人間の生涯の最後の時期である。これまでは，心身ともに衰退していく時期と考えられていたが，知能や認知も種類によっては高齢まで維持されることがわかってきている。一般に年輩者は携帯電話やコンピュータの操作が苦手なように，新しいことを覚えたり，素早く情報を処理する能力は衰えていくが，難しい言いまわしを知っていたり，近所のトラブルを解決する知恵を提供するなど，高度な言語理解や経験に基づく社会的な問題解決などは，むしろ年齢が増すほど豊かになる傾向もある。流動性知能は年とともに低下するが，結晶性知能は低下しないのである（Ⅷ-8　参照）。

　このように，青年期以降は衰えていくばかりでなく，豊かな能力もたくさんあり，ポジティブにとらえるべきである。それゆえ，生涯発達の視点を活かすことが重要である。たとえば，高齢者と青年では，作業の遂行に最適な時間がずれているという報告もあり，同じ作業に取り組む際でも，高齢者は午前に，青年では午後に重点的に割り当てるといった工夫も有益だろう（仲，2004）。

I-8 成人期から老年期の発達

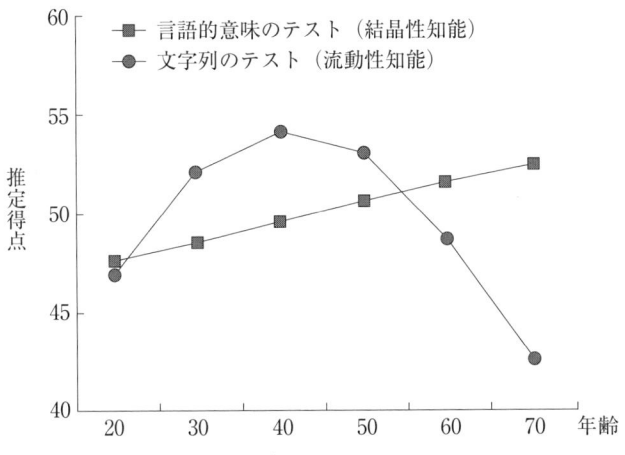

図 I-10　知能の生涯発達（藤村・大久保・箱井，2000を改変）
注：本図は，藤村・大久保・箱井（2000）を引用した戸田（2004）の図を改変している。藤村ら（2000）が参考にした文献は，Cornelius, S. W., & Capsi, A.（1987）. Everyday problem solving in adulthood and old age. *Psychology and Aging*, *2*, 144-153. である。

■文字列の記憶テスト（流動性知能を測るもの）は，年齢が増すと低下していくが，言語的意味テスト（結晶性知能を測るもの）は，年齢が増すほど上昇していることがわかる。このように，知能や認知も種類によっては高齢まで維持されることがわかってきている。新しいことを覚えたり，素早く情報を処理する能力は衰えていくが，高度な言語理解や経験に基づく社会的な問題解決などは，年齢が増すほど豊かになるといえよう。

（林）

基礎編

II 認知発達の理解

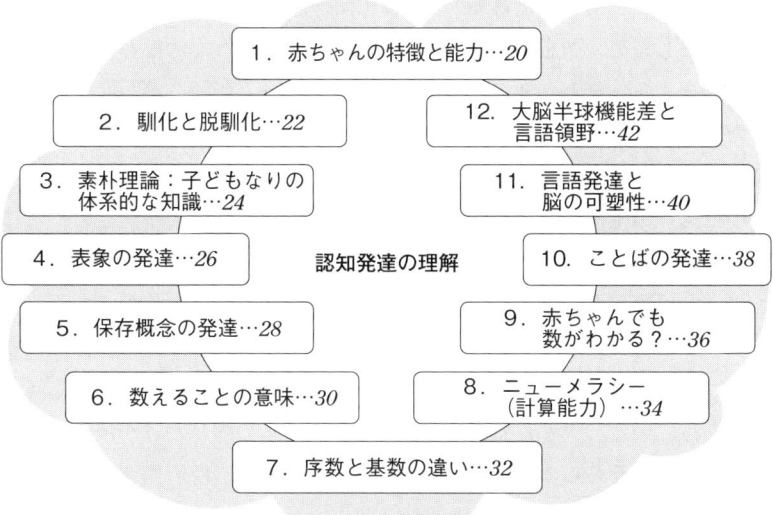

認知発達の理解

1. 赤ちゃんの特徴と能力…20
2. 馴化と脱馴化…22
3. 素朴理論：子どもなりの体系的な知識…24
4. 表象の発達…26
5. 保存概念の発達…28
6. 数えることの意味…30
7. 序数と基数の違い…32
8. ニューメラシー（計算能力）…34
9. 赤ちゃんでも数がわかる？…36
10. ことばの発達…38
11. 言語発達と脳の可塑性…40
12. 大脳半球機能差と言語領野…42

　乳幼児期の子どもたちを観察することでいろいろとわかってくることがあります。子どもは「小さなおとな」ではありません。子どもなりに物事を理解して，子どもなりに毎日多くの問題解決をしています。数概念の発達やことばの発達の基礎もこちらの章で紹介されています。

II-1　赤ちゃんの特徴と能力

　乳児期は，ピアジェの発達段階において感覚運動期に相当する。この時期は，感覚や運動動作によって，直感的に対象を認識する時期である。刺激（見えたり聞こえたりする対象）と反応（行動）が，言語や表象とほとんど関係なく結びついており（ II-4 参照），外界の認識には，特定の刺激に対して体の一部が即応する「反射（reflex）」が重要な役割を果たす。

　この時期の反射には，吸啜反射（口に入ったものをリズミカルに吸う），把握反射（手のひらに触れたものを握ろうとする），バビンスキー反射（足の裏を刺激すると指を扇状に広げる），モロー反射（赤ちゃんの顔を正面に向けて上体を起こした後，頭を急に落とすように動かすと両腕をのばして抱きつくような動作をする）などが知られるが，生後3～4ヶ月頃から消失していく。

　また，生後すぐの赤ちゃんは視力が弱いことも特徴である。視覚能力の発達はゆっくりであり，3～5歳で成人なみの視力に達する。しかし，視力が不十分な中でも，出生後まもない時期から，赤ちゃんは情報量の多いものや新しい刺激を積極的に選択している。静止したものよりは動きのあるものに，色のないものよりは色があるものに，平面よりは立体に関心を向けるのである。

　また，床が落ち込んでいるものの透明のガラスが張られている装置を使った「視覚的断崖」の研究から，奥行きの知覚も幼い頃から既に認識できていることがわかっている。6ヶ月児のほとんどは母親からの呼びかけが浅い方側からであれば喜んでそちらの方に移動したにもかかわらず，深い側からの呼びかけに対しては断崖の所で躊躇したり，泣き出したりした（Gibson, 1960）。

　視覚の発達の鍵として，能動的な動きが重要（Held & Hein, 1963）である。生後すぐのネコ2匹を，一方は能動的に動けるがもう一方は受動的な動きしかできないようにした実験で，その後の視力の発達を調べたところ，同じ視覚経験を受けたにもかかわらず，受動的なネコの視力は，能動的なネコよりも劣っていた。このことから，知覚を発達させるには，単に子どもに豊富な刺激を与えれば良いわけではない。むしろ子どもが積極的に探索するなど，能動的な経験ができる機会を与えることこそが大切であるといえよう。

II-1 赤ちゃんの特徴と能力

図II-1　視覚的断崖 (無藤, 2004を参考)

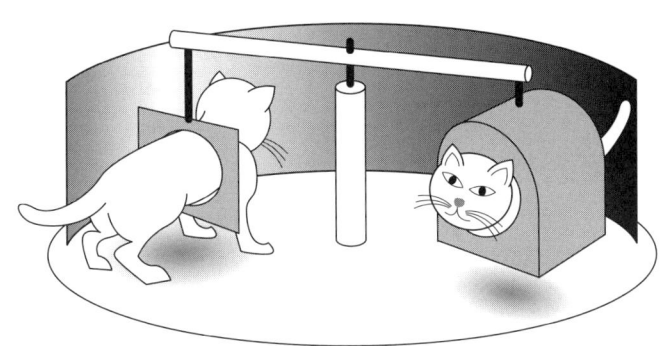

図II-2　能動的なネコと受動的なネコ (山口, 2005を参考)

■能動的なネコは, 自分の自発的な動きによって外界の変化を経験できるが, 受動的なネコは, 自分の意思によって動けず, 能動的なネコが動くときのみ, 外界の変化を体験できた. 理論的には, 同じ視覚経験を受けるにもかかわらず, 受動的なネコの視力は, 能動的なネコよりも劣っていたのである.

(林)

II-2 馴化と脱馴化

　赤ちゃんに何らかの刺激を提示し続けると，最初は見ていても，しだいに飽きてきて見る反応が減る。これを「馴化」と呼ぶ。ここで，新たな刺激を提示すると，再び刺激を見る時間が増える。これを「脱馴化」と呼ぶ。このような性質を利用して，言語的教示や反応が困難な赤ちゃんに対する実験方法が「馴化・脱馴化法」である。もし，2つの刺激を区別できない場合は，脱馴化が生じないため，注視時間から2つの刺激を区別できているかどうかがわかる。

　馴化・脱馴化法は強力で，この手法を応用することで，子どもは幼い頃から物体の存在や物体同士の物理的因果関係など「素朴物理学」（II-3 参照）を有していることが明らかになった。たとえば，ピアジェが感覚運動期を通して発達することを明らかにした「対象の永続性」（II-4 参照）も，生後6ヶ月未満で認識できる（e.g., Baillargeon & Graber, 1987）。具体的には，背が低いうさぎと背が高いうさぎがともに一端から動き，中央の物体に遮られ，反対の端から出てくる場面を繰り返し見せることで馴化させた（図II-4参照）。その後，中央の物体が凹んでいて，背の高いうさぎが通ると上の方が見える高さとして，両方のうさぎを動かした。ここで装置に仕掛けを施し，背の高いうさぎが通っても姿が見えないようにすると，4～5ヶ月児でも起こりえない状況である背の高いうさぎの方で見る時間が長くなり，脱馴化が起こった。うさぎが見えなくなっても「存在し続けている」ことを理解することが示唆され，対象の永続性はピアジェが述べた年齢よりも年少から認識できると考えられた。

　赤ちゃんに対する実験では，2つの刺激を対提示したときの注視時間の長さを比較して，一方を他方と区別できているかを調べる「選好注視法」と呼ばれる方法もある。この方法により，赤ちゃんが複雑な図形を好み，とくに顔図形を好むことが明らかになった（Fantz, 1963）（III-3 参照）。ただし，選好注視法は好みの差をみるため，好みの差がない場合，2つの刺激を区別できているのかどうかは不明である（区別できているけれども好みの差がないので，結果として差がないということも考えられる）。馴化・脱馴化法は，この問題をクリアできるため，より強力な方法といえる。

II-2 馴化と脱馴化

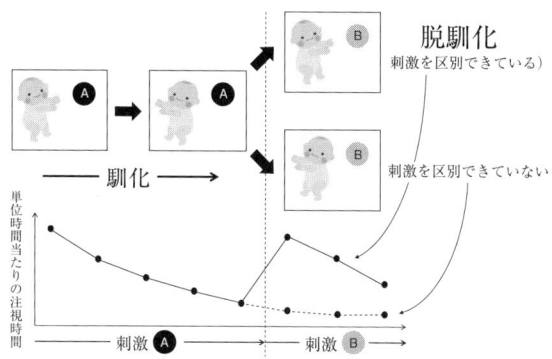

図II-3　馴化・脱馴化における反応の変化のイメージ
（多賀（2002）を引用した坂田（2008）を参考に作成）

▶たとえば，赤い丸（刺激A）を赤ちゃんに見せ続けると，最初は関心をもって見ているが，しだいに飽きてきて注視時間が減る。そこで，青い丸（刺激B）に変えた場合，もし赤ちゃんが色を区別できているのであれば，再び刺激（青い丸）を見る時間が増える（脱馴化）。しかし，もし色の区別ができないのであれば，刺激が変わったことがわからないため，注視時間は減ったままである。

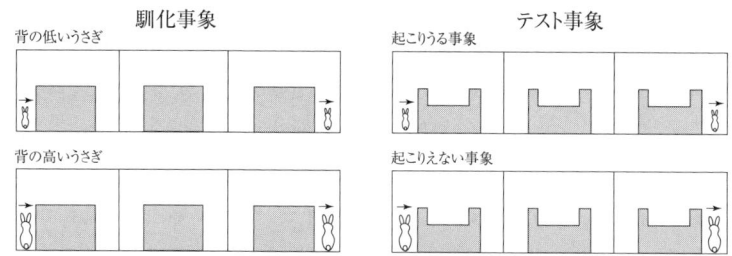

図II-4　馴化を使った対象の永続性の実験（木下，2005より引用）

▶赤ちゃんに，背の高いうさぎか背の低いうさぎのどちらかが，スクリーンの端から移動する様子を数回見せて，この状況に馴化させる（左図）。その後，テスト刺激として「起こりうる事象」と「起こりえない事象」のどちらかを見せられると，赤ちゃんは「起こりえない事象」に驚いた様子で長く注視する。物が隠されて見えなくなっても，同じ大きさのまま存在し続けていることを認識している。

（林）

Ⅱ-3　素朴理論：子どもなりの体系的な知識

　素朴理論（naive theory）とは，体系的な教授なしに日常経験を通して獲得される知識のまとまりのことであり，次の3つが特徴とされる（Wellman, 1990）。第1は「知識の首尾一貫性」で，領域ごとに知識がまとまり，関連づけられていることである。第2は「存在論的区別」で，その理論が扱う事柄を特定できることである。たとえば，生物に関する理論であれば，存在形態の異なる生物と無生物を区別し，生物のみを対象とする。第3は「因果的説明の枠組み」で，領域内のある現象を説明したり，予測できる因果的体系をもっていることである（稲垣，1996）。

　素朴理論がいくつぐらいあるのかは議論が分かれる（Ⅳ-4 参照）が，「素朴物理学」「素朴心理学」「素朴生物学」の3つは，幼児の時期に既に獲得されていると考えられている。このうち，素朴心理学は「心の理論」と呼ばれることが多い（Ⅲ-4 参照）。

　素朴理論は，発達の過程でさまざまな経験を積んだり，学校教育で体系的な知識を得ることで，大人のもつ理論へと変化していくが，素朴物理学のように科学理論と比較すると誤ったものであることも多く，しかも修正されにくいことが知られている。これは，素朴物理学が日常生活の範囲内ではうまく機能するため，その中に組み込まれている基本原理に疑問をもつことが起こりにくいためである（中島，2008）。実際に，ガリレオが「落体の法則」（物体が自由落下するときの時間は，物体の質量と関係ない）を発見するまで，「重いものほど早く落ちる」と長い間信じられ，大人でも強固な素朴物理学は存在する。

　科学教育では，子どもがもつ素朴理論を把握し，あえてそれと矛盾する情報を提示し，認知的な葛藤を起こさせることも有効と思われる。ピアジェの概念を援用すれば，葛藤状態は不快なため，「調節」によって新しい「シェマ」を生み出し，認知的なバランスを取ろうとするだろう。こうした「均衡化」の過程で，学習内容への注意と動機づけも高まり，学習効果がより上昇すると考えられる（Ⅰ-4 参照）。

II-3 素朴理論：子どもなりの体系的な知識

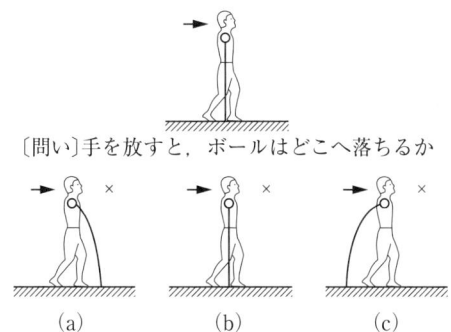

図II-5　落下運動に対する素朴物理学（McCloskey et al., 1983を改変）

▶一定の速度で歩いている人が，ある地点でボールを離した場合，ボールはどの位置に落ちるだろうか？ 大人でも「物体はまっすぐ下に落ちる」という素朴概念をもっている（(b) を選ぶ）ことが多い。これを「直落信念」と呼ぶが，誤りである。「慣性の法則」（力が加わらない限り，静止物体は静止を続け，運動物体は同じ速度で動き続けるという物理学の法則）から，ボールは落下するとともに，進行方向の向きにも動き続けるので，正解は (a) である。

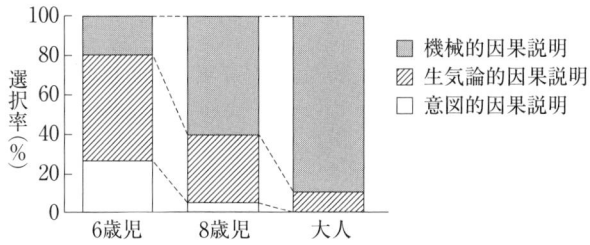

図II-6　生物的現象に対する3種類の因果的説明の割合の変化（稲垣, 1995）

■「息をして空気を吸うのはなぜか」と問われると，大人は「肺で酸素を取り入れ，空気を入れ替えるため」というように科学的な生物のメカニズムを考慮した「機械的因果」説明をする。ところが，幼児は「吸い込んだ空気から元気が出る力を取るため」というように体内の臓器のはたらきを擬人化して理解する「生気論的因果」説明や，「さっぱりした気持ちになりたいから」というように本人の意思によって現象が起こる「意図的因果」説明をすることが多い。このような幼児の素朴生物学が科学的なものへと変化していくのは児童期以降である。

(林)

II-4　表象の発達

　私たちは,「リンゴ」ということばを聞くと,赤色をした丸いりんごを思い浮かべるだろう。あるいは「林檎」という漢字や,"apple"という英単語を思い浮かべる人もいるだろう。このように映像的なものや言語的なものなどさまざまな形がありえるが,ある対象（この場合は「りんご」）に対する心の中のイメージのようなものを,心理学では広く「表象（representation）」と呼ぶ。

　幼い子どもが表象を有しているかどうかは,「対象の永続性」の観点で考えることができる。「対象の永続性」とは,対象が視界から消えても存在し続け,同一の特性を保持することをさす。私たちは,目の前にあるおもちゃに布がかぶせられて見えなくなったとしても,そのおもちゃが布の下に存在し続けていることを理解している。そこで,もし布を除いたときに,おもちゃがなくなっていたら驚くことになる（私たちが手品に驚くのも,対象の永続性が機能しているからである）。ところが,赤ちゃんは,そのおもちゃが存在しなくなったかのような反応をすることがある。これは,心の中におもちゃの「表象」を完全には形成できていないためである。それゆえ,表象の成立は,「対象の永続性」を理解しているかによって判断できるのである。

　ピアジェは,乳児期の感覚運動的段階と幼児期の前操作的段階（I-4 参照）の主な違いは表象の能力にあると考え（Butterworth & Harris, 1994）,感覚運動期に対象の永続性が発達することを明らかにした。生後8ヶ月頃までは,赤ちゃんが手を伸ばしかけたところで,対象に布をかけると,もう存在しなくなったかのように手を引っ込める。生後8〜12ヶ月頃になると,布を取り払って見つけ出せるようになる。ただし,この段階では,場所Aで隠された対象を見つけた後,赤ちゃんの見ている前で場所Bに移動して隠すと,元の場所Aを探そうとする「A not Bエラー」が見られることがある。物体の存在は「探す」という行為に依存しており,最初の場所でまた見つかると考えてしまう。生後12〜15ヶ月頃で,この誤りがなくなるが,生後15〜18ヶ月頃に至り,見えないところで移動された場合でも,対象を探し出せるようになる。対象の永続性の理解が達成され,一般的な表象が成立する。

II-4 表象の発達

「対象の永続性」を獲得していない段階では，見えなくなった対象を探そうとしない

「対象の永続性」を獲得すると，隠された対象を見つけられるようになる

図II-7 「対象の永続性」の課題状況 （外山，2010を改変）

表II-1 「対象の永続性」の発達の推移

感覚運動期の段階	行動
第1～2段階（0ヶ月～3ヶ月頃）	見えなくなった対象を探そうとしない
第3段階（3ヶ月頃～8か月頃）	部分的に隠れた物を探し始める
第4段階（8ヶ月頃～12ヶ月頃）	完全に隠れた物を探すことができる A-not-B Errorの出現
第5段階（12ヶ月頃～15ヶ月頃）	隠された場所を観察している限り，見つけられる
第6段階（15ヶ月～18ヶ月頃）	観察していなくても，見つけられるようになる

（林）

II-5　保存概念の発達

「保存」とは，対象の見かけが変わっても対象の性質は変化しないという概念のことである。幼児期の認知の特徴として，ある程度の論理的判断が可能になってくるものの，直観的な判断にとどまり，対象の一番目立つ特徴に注意が向き（これを「中心化」と呼ぶ），判断を誤りやすいということが挙げられるが，これにより「保存課題」で間違う傾向がある。

たとえば，「数の保存課題」（II-6 参照）では，まず，おはじきを等間隔に2列に並べて同じ数であることを確認させた後に，子どもの見ている前で一方の列の間隔を広げる（図II-8）。ここで，「どちらの方が多いかな。それとも同じかな？」と聞くと，前操作期（I-4 参照）の子どもは，端から端までの距離が長くなった点にのみ注目してしまい，間隔を広げた列の方が多いと答えるか，おはじきの密度にのみ着目してしまい，元の短い列の方が多いと答えてしまいやすい。大人は「間隔を元に戻せば最初の状態に戻る（可逆性の論理）」「途中でおはじきを足しても引いてもいない（同一性の論理）」「間隔は広がったが密度は疎になった（相補性の論理）」などの論理規則によって，同じ数であると自信を持って回答できる。しかし，前操作期の子どもは論理的に判断し始めるが，まだ不十分で，間違えてしまう。

年齢が増すにつれて，対象の目立つ特徴のみにとらわれることから脱し，間隔は広がったが密度は疎になったなど，複数の次元から思考できるようになる（これを「脱中心化」と呼ぶ）。つまり，具体的操作期になると，思考が論理的になり，脱中心化することで保存課題を解決できるようになる。保存概念には，液量や長さや重さなども対象となり，個人差はあるものの，前操作期では，同様に解決が難しいことが明らかになっている。

以上をふまえると，幼稚園や保育園などで，子どもにお菓子など魅力的なものを与えるときは，注意が必要な時期があるかもしれない。たとえば，先生がキャンディーを複数の子どもに公平になるように分けても，お皿の上に置くキャンディーの置き方（見かけ）によっては，子どもの間で不平が出るかもしれない。大人が考える以上に，子どもは見かけに左右されやすいといえよう。

II-5 保存概念の発達

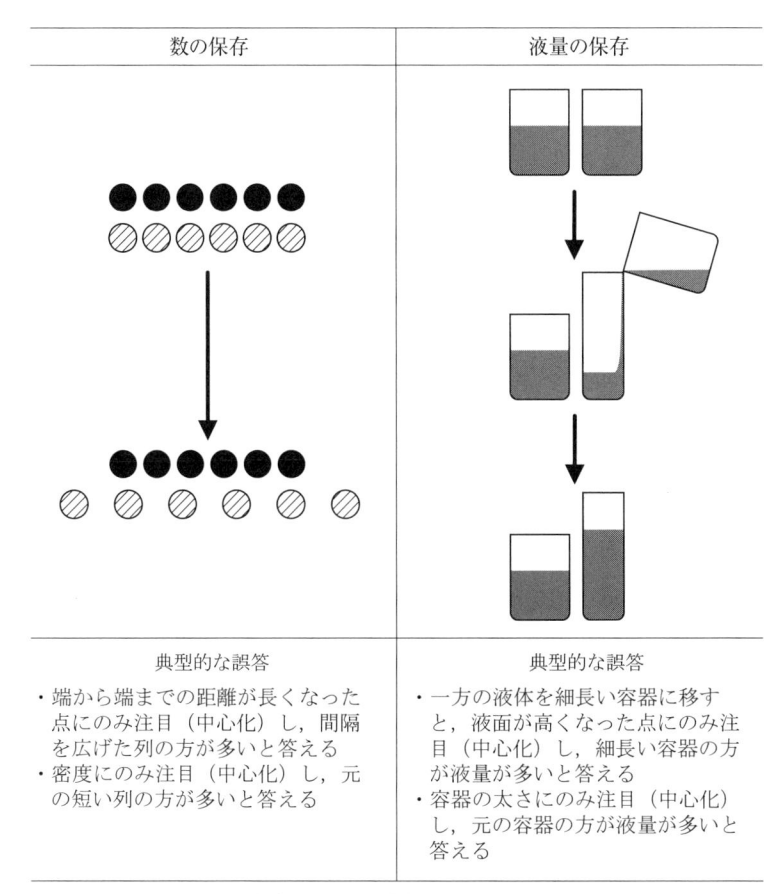

数の保存	液量の保存
典型的な誤答	典型的な誤答
・端から端までの距離が長くなった点にのみ注目（中心化）し，間隔を広げた列の方が多いと答える ・密度にのみ注目（中心化）し，元の短い列の方が多いと答える	・一方の液体を細長い容器に移すと，液面が高くなった点にのみ注目（中心化）し，細長い容器の方が液量が多いと答える ・容器の太さにのみ注目（中心化）し，元の容器の方が液量が多いと答える

図II-8　保存課題と典型的な誤答（林，2007を改変）

■前操作期の子どもは，「中心化」によって保存課題に間違えやすいことをピアジェは報告した。ほぼ同様の概念として，当初ピアジェは，自他の視点の分離が難しく，自分の視点から物事をとらえてしまう傾向を「自己中心性」と呼び，「3つの山問題」（形と大きさの違う3つの山を用意して，自分とは違う他者の見えを答えてもらう課題）で明らかにしたが，自己中心性という言葉に「利己的」といった意味はない。

(林)

II-6　数えることの意味

　ピアジェとシュミンスカ（1941/1962）は「数の保存（number conservation）」によって，数概念の発達を説明した（II-5 参照）。保存とは，見かけの長さや密度にかかわらず，加えたり引いたりしていない対象物は同じ数と理解することである（具体的な手続きについては図II-9を参照）。質問の最後に，どちらが多いかと尋ねると，5歳ぐらいの幼児でも，長く見える列のオハジキの数が多いと主張する。つまり，オハジキが広げられたという知覚的な側面に依存しているのである。これは，まだ心的な表象が十分にできていないために保存の理解が難しく，具体的操作期に入らないと獲得されず，ピアジェは対象を数えるより，このような1対1対応が，数概念の発達には重要であることを示唆していた（Piaget & Szeminska, 1941/1962）。

　それに対しゲルマン（1972）は，「多い-少ない」ということばをもちいるかわりに，「勝ち-負け」を使用する「手品（magic）実験」において幼児期の数概念を検討している。この手品実験は，皿の上におもちゃのネズミを2つと3つにおき，3つのネズミが「勝ち」で2つのネズミが「負け」と教えた後，ネズミの列の間隔を広げたり，ネズミの数を減少させたりして変形させたところ，多くの子どもたちは正しく答えることができた。これらの結果からゲルマンは，ピアジェが考えていたよりも，もっと早期に数の保存ができるようになる知見を見出した（Gelman, 1972）。そしてこのようなことばを使用すると，2歳ぐらいの年少の子どもでも数の保存が成立することを明らかにし，さらにピアジェがあまり重視していなかった「数えること（計数：counting）」も重要であることを示し，計数には5つの原理（表II-2）があることも明らかにした（Gelman & Galistel, 1978/1988）。

　しかし，一連のゲルマンらの実験に関して，日下（1993）は，保存とは知覚的変形（数の保存の場合には，要素の位置移動）によって生じた認知的な攪乱を乗り越えて，そこの量は不変のままであると認識する能力があるにもかかわらず，子どもの目の前で変形の操作をしていないことで，ピアジェのいう保存とは異なる，数に関する別の側面を議論していると述べている。

II-6 数えることの意味

① ここに並べてあるものと同じ数だけ、かごから取って並べなさい

② 同じ数だけあるかな？

③ 一方の列をのばす

④ 同じ数だけあるかな？　どちらが長いかな？　どうしてそう思う？

図II-9　保存課題の実験的手続き

表II-2　カウンティングの5つの原理

5つの原理	説明
(a) 1対1対応の原理 （the one-one principle）	ひとつの対象物に対して数の名前をひとつだけ割り当てること
(b) 安定順序の原理 （the stable-order principle）	数の順序は常に同じ順序でなくてはならない
(c) 基数の原理 （the cardinal principle）	最後の対象に割り当てられた数がその集合の大きさを示すこと
(d) 抽象化の原理 （the abstraction principle）	数える対象物がなんであろうと関係ない、つまり大きさや形、色などがなんであれ、1は1である、ということ
(e) 順序無関連の原理 （the order-irrelevance principle）	対象を数える順番は集合の大きさとは関係ない、つまりどの順番から対象物を数えても、最後の対象物の数がその集合の大きさを示す

(山名)

Ⅱ-7　序数と基数の違い

　ある幼稚園で，年中の男の子と女の子が，ミニトマトをそれぞれ採って手に隠してやってきた。「ほらっ」と一緒に手を広げて見せてくれたのだが，私は「いくつずつ採ってきたの？」とわざと聞いてみた。すると女の子はすぐ「2個！」と元気よく答えのだが，男の子は「いっぱい」といって少し間があいた後，そしてまた手を握りしめた後に「やっぱり4個」と答えたのである。たしかに，女の子は2個，男の子は4個，ミニトマトを握っていた。中沢・丸山(1998)は子どもが集合数3を理解し，4を理解できるようになるのには4歳から5歳前後からであり，1年前後の長い時間を要すると述べている。この男の子も「4」という理解を獲得し始めているため，「少し間があいた後」で「4」と答えたのではないだろうか。

　図Ⅱ-10の積木が5つある場合，「左から4つ目の形はどんな形？」というのは序数的理解を，「黒い積木はいくつある？」というのは基数的理解を必要とする。序数 (ordinal number) は，その集合の中の数を順序で表す数のことで，基数 (cardinal number) は，最後の数がその集合を表す数である。

　ウィン (Wynn, 1990) は基数性を「give-a-number」課題 (人形に6個のおもちゃを与えるような課題) と「how many」課題 (おもちゃを与えた後で「いくつあった？」と再び質問する課題) から明らかにしている。おもちゃを数えて答えるか，数えずに答えるかによって基数性の理解をみている。実験の結果，3歳半以下の子どもたちは多くのおもちゃを人形に渡したり，渡したおもちゃをもう1度数え直したりする傾向が強いことが示された。サーネカ (Sarnecka, et.al, 2007) らは，単数と複数の区別のような統語的な手がかりのある英語やロシア語と，そのような手がかりのない日本語において，この2つの課題の比較をおこなった (図Ⅱ-11)。日本語は数える課題での平均点は他の国とあまり違いはないが，与える課題では平均点が低くなっている。また，同様の実験でも統語的な手がかりのない日本の子どもたちは，米国，ロシアの子どもよりも，数詞2と数詞3の理解が遅いことが明らかになった。つまり，数量の理解にもこのように言語が関係しているのである。

II-7 序数と基数の違い

図 II-10 序数と基数の違い

▶「左から4つ目の形はどんな形？」というのは序数的理解を，「黒い積木はいくつある？」というのは基数的理解を必要とする。

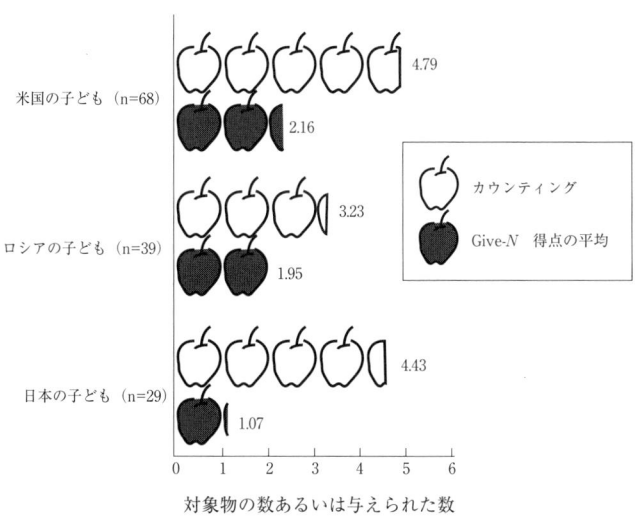

図 II-11 カウンティングと Give-N 得点の平均

■「1，2，3，4，5，6」個の対象物を数える課題における平均点と，その数を取り出す課題（人形に「3個」の対象物を与える課題）における平均点をこの図は示している。日本語は数える課題での平均点は他の国とあまり違いはないが，与える課題では平均点が低くなっている。

(山名)

II-8　ニューメラシー（計算能力）

II-6 で述べた序数と基数の理解について，ケイス（1996）は序数的理解と基数的理解が統合される理論を図II-12のように考えている。図II-12（A）の基数的な理解（全体量のスキーマ）で示されている「〜より多い」「〜より少ない」という理解は，図のように「2」と「6」という数の理解ができていなくても，「どちらが多いか」「どちらが少ないか」という理解ができるようになることを示している。（B）の序数的な理解（計数のスキーマ）とは，ある集合の中にいくつ含まれているかを数えることによって理解できるようになることを示している。これらの理解は4歳頃までに別々に獲得され，6歳頃になると（C）のように統合されていく。「〜より多い」「〜より少ない」という理解が「2」と「6」を比較して「6の方が多い」というような数字と結びつくように，具体物と抽象的な数字を結びつけることができるようになり，簡単な計算ができることを理論化している。

　数概念，特に計算に必要なリテラシー（基本的な能力）のことをニューメラシー（numeracy）という。「〜より多い」という理解も，ニューメラシーである。「2」と「6」という数がわからなくても，「6」の方がなんとなく多い，と感じるかどうかも数量の感覚といえる。しかし実は，このような感覚は自分を中心として考える場合，少し複雑になるかもしれない。たとえば，ミニトマトが好きな子どもにとっては「6」個であっても「少ない」かもしれないし，嫌いな子どもにとっては「2」個であっても「多い」かもしれない。幼児期の子どもたちは，単純に抽象的な「数」だけを切り取って数量感覚を身につけていくのではなく，自分の感情やそのときの状況を総合的に感じている。

　子どもたちは生活の中でさまざまな経験や活動をおこなっている。その中で獲得されている数量の感覚は，その後の抽象的な数の理解に必要である。その経験は幼児期であるからこそ，なお重要なのである。小学1年生で初めて足し算を習うが，計算に必要な知識は幼児期にいろいろな経験から獲得している。その経験をどのようにとらえ，教育にいかしていくのかは，教師の子どもの発達をみる目の豊かさが大切なのかもしれない。

II-8　ニューメラシー（計算能力）

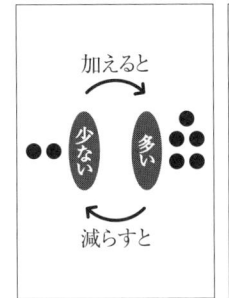

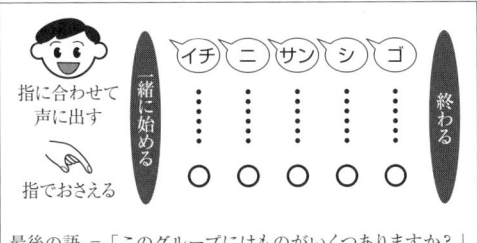

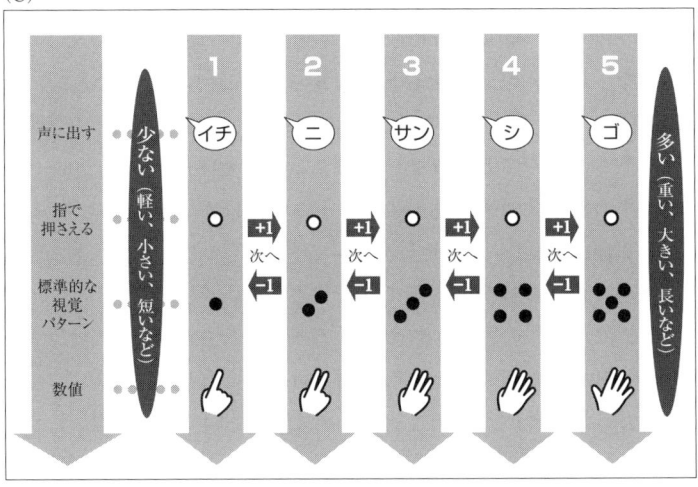

(A) 全体のスキーマ　　(B) 計算のスキーマ

図 II-12　2つのスキーマが統合されて，1つの心的数値を構成（Case, 1996を参考）
▶具体物と抽象的な数字を結びつけることができるようになることによって，簡単な計算が可能になる。

（山名）

II-9　赤ちゃんでも数がわかる？

　2個のリンゴと3個のリンゴが目の前にあるとき，数を数えなくても「2」と「3」がわかり，かつ，区別がつく。逆に2個と3個は区別がつくが，たとえば10個と11個のリンゴでどちらが多いかという区別は，瞬時にはできないかもしれない。このように，一目でその集合の中にいくつの要素があるかを把握することをサビダイズ（subitizing）という。このようなサビダイズを含む数についての直感や敏感さが，乳児の時から備わっているのではないかという研究が進んできた。スターキーとクーパー（Starkey, & Cooper, 1980）は，乳児に直径1 cmのドットの組み合わせを注視させ，小さい数のサビダイズについて実験をおこなった。乳児は，あるドット数の列へ最初の馴化がおこなわれ，そしてpost馴化（PH）として1列あたりの数が違うドットを提示し（図II-13），小さい数の条件（2→3と3→2）と大きい数の条件（4→6と6→4）の違いをみた。その結果，22週の乳児でも2と3の区別ができることを示した。

　ウィン（Wynn, 1992）は，サビダイズの能力だけではなく，乳児はたし算やひき算の基礎的な理解ができることを図II-14で示した実験によって明らかにした。それは，1つの人形がロボットアームとともに舞台の上に出てきて，スクリーンが上がり，2つ目の人形が加えられ，それをもっていたロボットアームが取り去られるというものである。そして，「起こりうる結果」と「起こりえない結果」のどちらかが提示される。これは，どちらの結果をより長く注視するのかという注視時間の長さを比較したものであり，生後5ヶ月の乳児でも，「起こりうる結果」より「起こりえない結果」の方を長くみた。「1＋1」の条件をみさせたときに起こりうる結果，つまり「2」つの人形が現れている場合と起こりえない結果，それは「1」つの人形が現れている場合では，起こりえない結果の方を長くみるのである。近くのレベルでは，小さい数の簡単なたし算やひき算の結果が正しいかを区別することができるのではないかといわれている。しかし，何らかの知覚的区別をして生得的に数への敏感さはあるにしても，生後5ヶ月の乳児が，幼児や児童と同じような足し算をしているわけではない。

II-9 赤ちゃんでも数がわかる？

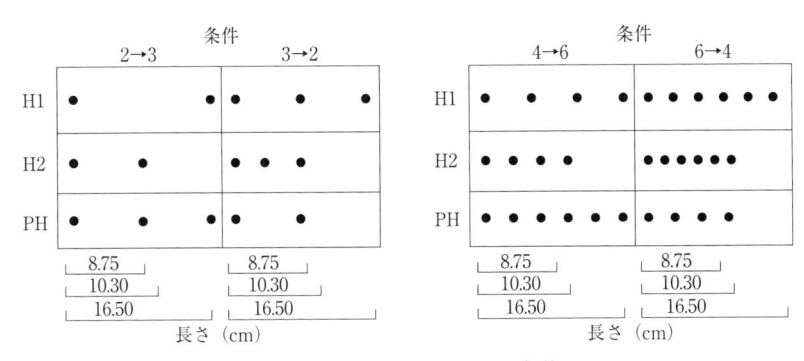

図II-13 使用された刺激の条件

▶H1とH2は馴化の列，PHはpost馴化の列のこと。

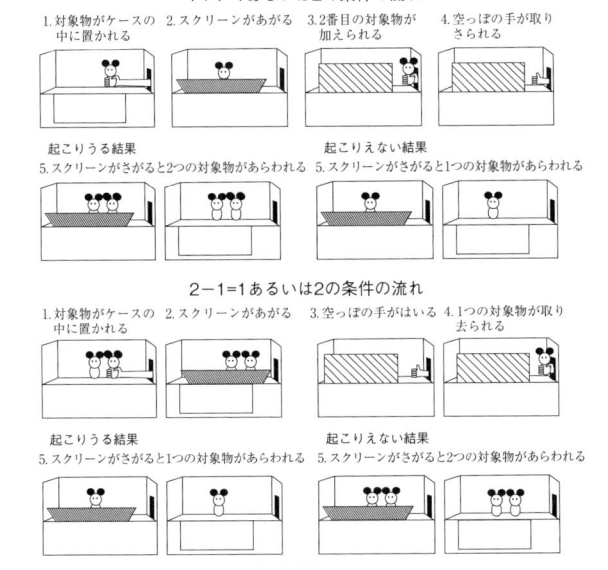

図II-14 ウィンによる実験状況（Wynn, 1992より著者が作成）

▶1つの人形が，ロボットアームとともに舞台の上に出てくる。その後でスクリーンが上がり，2つ目の人形が加えられ，それをもっていたロボットアームが取り去られる。そして，「起こりうる結果」と「起こりえない結果」のどちらかが提示される。この実験は，どちらの結果をより長く注視するのかという，注視時間の長さを比較することによって，子どもが判断できるかどうかをみている。

(山名)

II-10　ことばの発達

　子どもの初語は1歳前後から始まるが，それ以前からさまざまな発達が進行している。赤ちゃんは，不快なときに「泣く」ことで要求を伝えるが，しだいに，生後1ヶ月頃から「クークー」という喉を鳴らす「クーイング（cooing）」が現れる。生後4ヶ月頃からは，唇の開閉により「バブバブ」などリズミカルな音を出す「喃語（babbling）」が現れる。これらも自分の気持ちを伝えようとする感情のコミュニケーションの一種である。

　言語的な発声は1歳頃から始まる。その最初は，一語でさまざまな意味を表わす「一語文（one word sentence）」である。たとえば，"mama"という音声が「ママがいる」「ママ来てちょうだい」などいろいろな意味をもつものとして発せられる。その後，1歳半〜2歳頃には，「ママ，キテ」といったように二語文（二語発話）が，さらに発達すると複数のことばを組み合わせた多語発話ができるようになる。また，この時期には，使えることばが加速度的に増加し，「語彙の爆発期」となる。3歳頃には，1,000前後の語彙を使用することができるようになるといわれている。

　人間のある能力が発達するには，特定の時期に適切な感覚入力を得ることが重要である。以前はこうした特定の時期を臨界期と呼び，これを過ぎると当該の能力を獲得することが困難になると考えられていた。しかし近年では，臨界期ではなく敏感期としてとらえ，脳が生涯にわたって変化するものであると考えるのが一般的である（I-3，II-11 参照）。

　これは言語発達にも当てはまる。日本語環境で育つ赤ちゃんは，しだいに日本語にはない音声の区別（例：LとRの違い）ができなくなるが，敏感期を過ぎても努力次第で学習できる可能性が高い。実際，母語とは違う言語を聞いているときの脳活動を測定すると，本人が音の違いに気づいていなくても，脳では音の物理的な違いを感知しているという。脳が失うのは「聞き取る」能力ではなく，その「違いを重要なものとして扱う」能力なのである（Blakemore & Frith, 2005）。敏感期以降に子どものことばを発達させるには，豊かなコミュニケーションをとることが鍵になる（III-3 参照）。

II-10 ことばの発達

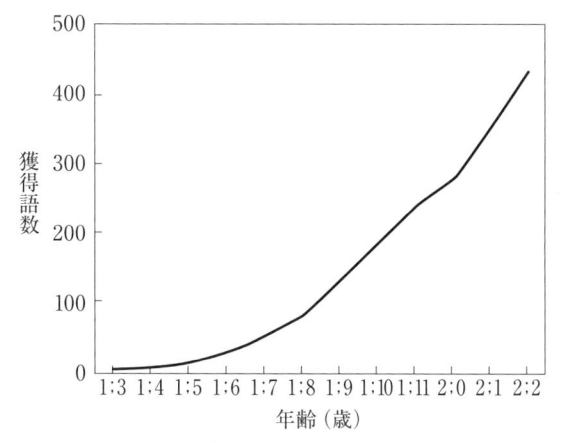

図II-15 語彙の獲得の様子（小林, 1995）

図II-16 ことばの発達とコミュニケーション

▶敏感期以降に子どものことばを発達させていくには，親や教師が，豊かなコミュニケーションを取ることが重要である。犬だけでなく猫やウサギもいるような状態で，「あっ，ワンワンいるよ！」といって，「ワンワン」が何をさすかを理解するには，共同注意（III-1参照）が成立しないと困難であろう。逆に，赤ちゃんが犬の方に関心を示しているときに，「あっ，ワンワンだね」と言うことでも，今見ている対象が「ワンワン（犬）」であることがわかる。こうした視線や指さし，そして応答環境を豊かにすることで，子どもは言語を素早く獲得していき，語彙の爆発が起こるのである。

（林）

II-11 言語発達と脳の可塑性

　さまざまな習い事は，早くから始めるほうがよいという根強い主張がある。その根拠として挙げられることのひとつに，脳の可塑性がある。脳の可塑性とは，何かを新たに経験することによって，脳の構造に変化がもたらされることをさし，それは脳の学習に関する柔軟性を意味している（V-7 参照）。

　言語の獲得や習得についていえば，母語を獲得した大人は外国語を習得するのに苦労するが，母語を十分獲得していない子どもはその母語の知識に邪魔されることなく，比較的スムーズに外国語を習得できるという考え方がある。とりわけ，第二言語の発音や音声知覚についての心理学的な研究では，そのような仮説が支持されている（Baker, Trofimovich, Flege, Mack, & Halter, 2008）。

　たとえば，日本人の多くが英語の[r]や[l]の音を日本語のラ行の音で置き換えてしまう例は，先に獲得された日本語の音韻体系の知識が，後で学習された英語の音の知覚や学習を妨害している現象だと考えられる。日本語での音声知覚を完全学習した日本人は，日本語において必要な音の違いについては敏感になるが，日本語にない[r]や[l]の聞き分けや，日本語にないそれぞれの音の知覚には敏感である必要性を感じない。

　日本語を学習した人の脳には，日本語で使用される音素を表象するようなネットワークができあがって，それらを含む音の知覚は比較的簡単になされるのに対して，日本語にない音の知覚は，すでに学習された音韻表象に引きずられる形で，歪んで知覚される結果になる。

　すなわち，特定の言語使用によって脳で構造的に確立された神経回路が，母語で使用されるような特定の音の知覚には敏感に反応するのに対して，経験の少ない外国語の音については，適切な神経回路が確立できていないために，正確な認知ができずに終わる。ところが，母語の知識が不十分であれば，逆に新しい音に反応すべき適切な連絡路が作りやすい状況がある。

　このように，音の知覚や発音の習得には，発達的に初期の段階での外国語の学習が有効である知見は少なくないが，文法や語彙の獲得については，必ずしもそうではない結果が報告されている（IX-8 参照）。

Ⅱ-11 言語発達と脳の可塑性

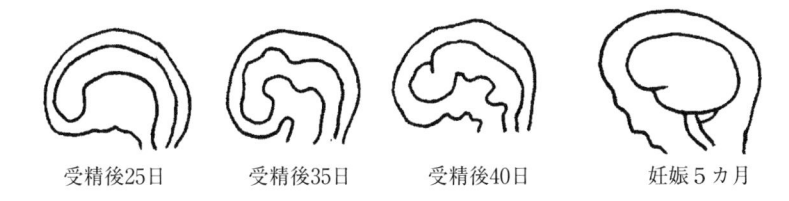

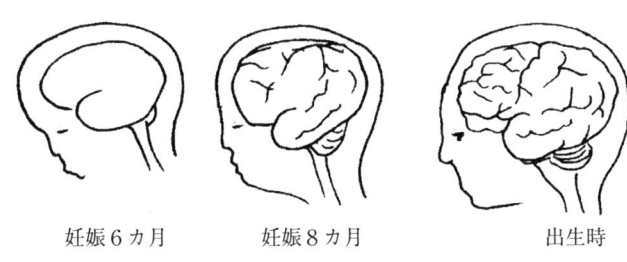

| 受精後25日 | 受精後35日 | 受精後40日 | 妊娠5カ月 |

| 妊娠6カ月 | 妊娠8カ月 | 出生時 |

図Ⅱ-17 胎生期の脳の発達

■新生時の赤ちゃんの脳細胞の数は，成人とそれほど違わないことが知られている。発達過程において変化するのは，その脳細胞それ自体ではなく，これらの脳細胞と脳細胞をつなぐ連絡路が，非常に複雑なネットワークを構成する。生後まもなくこの連絡路の数は急増して，成人の連絡路の数を上回るほどになる。ところが，生後1年間に，人間の脳は劇的な変化を示し，連絡路のあるものは早期に消滅してしまう。早期教育の提唱者の根拠のひとつは，このような脳の早期の変化に着目したものである。そして，豊かな環境によって脳の連絡路が豊かになるのなら，早期の教育が必要だという議論になっているようである。（図は Blakemore & Frith, 2005を参考に，著者が改編して作成。）

（井上）

Ⅱ-12　大脳半球機能差と言語領野

　脳が左と右のふたつに分かれていることには，どのような理由があるのだろうか。高次な認知機能についてのこれまでの神経心理学的な研究によって，左右の大脳半球には，異なる機能をつかさどる部位がそれぞれの特定の場所にあることなどが知られている（Iaccino, 1993）。右の図Ⅱ-18では，大脳半球の左右の情報処理における機能の違いをごく単純に表現している。人間はみんな左右の脳を有しているが，個人によっては，相対的に左半球の活動が，右半球の活動に勝っている人たち，逆に，右半球の機能が左半球の機能を上回っている人たちがいるようである。すなわち，物事を細かな点について分析的論理的に考えるタイプの人たちがいる一方で，物事の全体を把握することが得意で直感的にすばやく判断をくだせる人もいる。これらのことは，いわゆる認知スタイルと密接にかかわっており，人間の情報処理（Ⅳ-5，Ⅳ-6 参照）の個人ごとのスタイルの重要な部分を規定しているようである。

　しかし，人間のこれらの機能は，生まれたときから生得的固定的に備わっているものとも考えにくく，教育が介入できる可能性は大いにある。すなわち，もともと直感的な判断が得意な人には，そのような長所を保持したままで，論理的な思考を促すような指導により，より理想的な判断ができるようになるかもしれない。また，言語的抽象的な説明が得意な人には，そのような長所を活かしつつ，具体例を思い浮かべて論理を進めるような訓練が必要になるかもしれない。

　なお，言語の機能をつかさどる左半球においては，さらに，どのような認知活動が，それぞれの部位と関連しているのかについての研究結果は数多く知られてきている。たとえば，交通事故や脳卒中などで脳にダメージを受けて，話せなくなったり，相手が言っていることが理解できなくなったりする失語症と呼ばれる病気がある。この失語症の研究からは，言語の生成をつかさどると考えられるブローカ領野は，大脳左半球の前頭葉に位置すること，また，言語理解をつかさどると考えられるウェルニッケ領野は，同じく左半球の側頭葉に位置することが知られている。

Ⅱ-12　大脳半球機能差と言語領野

大脳
左半球

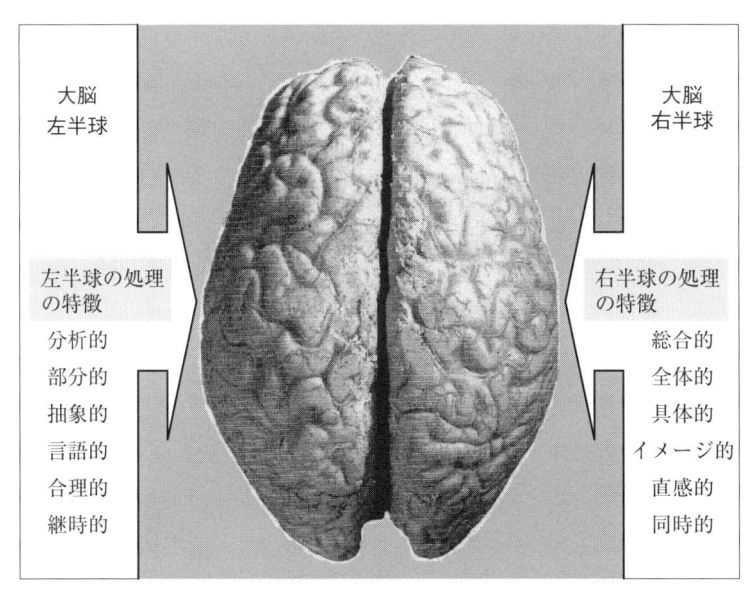

左半球の処理
の特徴
分析的
部分的
抽象的
言語的
合理的
継時的

大脳
右半球

右半球の処理
の特徴
総合的
全体的
具体的
イメージ的
直感的
同時的

図Ⅱ-18　人間の情報処理と大脳半球機能差

ブローカ領野　　　　　　　　　　　ウェルニッケ領野

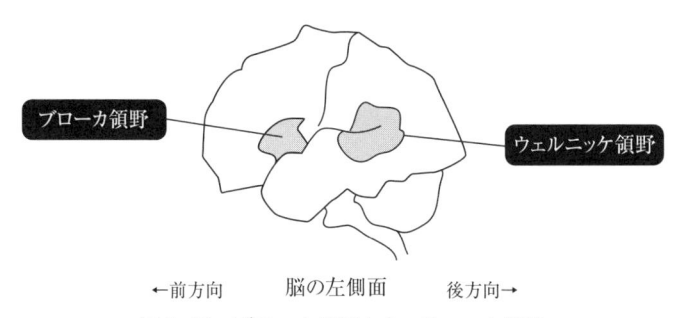

←前方向　　脳の左側面　　後方向→
図Ⅱ-19　ブローカ領野とウェルニッケ領野

(井上)

43

基礎編

Ⅲ　社会的認識の基礎

- 1．共同注意，指さし，意図の理解…46
- 2．愛着：親子の結びつき…48
- 3．発達初期の社会性の重要さ…50
- 4．心の理論：子どもの心の理解の発達（1）…52
- 5．心の理論：子どもの心の理解の発達（2）…54

社会的認識の基礎

　ヒトはひとりで生きていくことはできません。ヒトは母親のお腹の中にいるときから，周りにいる人間に影響を与え，また，周囲にいる多くの人間の影響を受けて成長します。信頼できる他者とかかわるなかで，自分の気持ちを表現できるようになり，相手の気持ちにも，少しずつ敏感になっていきます。

Ⅲ-1　共同注意，指さし，意図の理解

　あなたが友人と話をしているとき，その友人が「あっ，あれ見て！」と急に指をさしたとしたら，あなたはどうするだろうか。おそらく多くの人は，友人が指をさしたその先を見て「何が見えるのだろう，何があるのだろうか？」と探すのではないだろうか。

　このような理解を意図の理解という。これは生後1年ぐらいの間で劇的に発達する。たとえば，9ヶ月をすぎると図Ⅲ-1の左のように犬を指さし，そして図Ⅲ-1の右のようにその指さしの前後にお母さんを見るような行動が出てくる（赤木，2008）。この行動は，単に犬を指さしているのではなく，そばにいる大人と自分が同じモノを見ていることを理解していることをさしている。このような指さしを叙述の指さしというが，この過程には，他者と同じモノをみるといった共同注意の過程も関連している。共同注意とは，叙述的なやりとりの中にもみられるように，他者と同じモノを見る過程のことをさすが，単なる知覚的なやりとりではない。子どもは共同注意のやりとりを通して，大人からそのモノのもつ「社会的な意味」を学んでいく（常田，2008）。たとえば，子どもが熱いものを触ろうとすると「熱っちから，触っちゃだめ」など，行動を遮られるかもしれない。モノを媒介としたやりとりを通して，視覚的にとらえられて物理的対象に「社会的意味」が重ねられていく。

　意図を理解するのは，実は非常に難しいことである。写真Ⅲ-1は年長の男の子たちが，底を切ったペットボトルと色水で何かをしようとしている。でも何をしたいのかわからないまま，少しずつお互いしたいことをくみ取り，遊んでいるのかもしれない。イメージの共有（Ⅴ-3参照）でも述べたが，他者の目に見えない思いをお互いが完全に理解しあうことは難しいが，私たちはそうやってコミュニケーションをとっている。そのときの手がかりとなる，うなずきや視線，ジェスチャーや雰囲気といった，ノンバーバル・コミュニケーションが重要なことはいうまでもない。子どもが相手のときはなおさら，子どもの視線で（文字通り，子どもの目の高さでモノを見ることも含まれる），丸ごと理解しようとする姿勢も大切なのかもしれない。

Ⅲ-1　共同注意，指さし，意図の理解

図Ⅲ-1　叙述の指さし（赤木，2008より引用）

写真Ⅲ-1　遊びの中でも……
▶2人の男の子が，底を切ったペットボトルと色水で何かをしようとしている。このような遊びの中でも，ことばだけではなく，お互いの意図を理解しようとしないと，イメージを共有することはなかなか難しいかもしれない。

（山名）

Ⅲ-2　愛着：親子の結びつき

　子どもが健やかに成長するには，単に栄養のある食べ物を与えればいいわけではない。ボウルビィ（Bowlby, J.）は，乳幼児期に養育者と十分にかかわれず「母性愛の剥奪」（マターナル・デプリベーション；maternal deprivation）を受けた子どもは，身体的な発育や心理的な発達が遅れ，つまずきを示すことを報告し，特定の人物への特別な情緒的結びつきである「愛着（アタッチメント；attachment）」が重要であることを明らかにした（Bowlby, 1969他）。

　愛着の形成では，「安全基地」（乳児が自分の世界を広げて外の世界に向かう際に，恐れや不安を感じる状況で，いつでも戻ってこられる心のよりどころの対象）が重要である。母親を愛着の対象とした子どもは，母親への接近・接触を激しく求めるが，しだいにいつも接触していなくても安全を感じ，母親から離れて探索行動に熱中するようになる。安定した愛着関係を形成できていない子どもは，安全基地をもてておらず，外界探索の行動や経験を十分に積むことができなくなる。

　また，母親から自律していく過程で，1歳前後から身近な毛布やぬいぐるみを弄ぶことに夢中になることを「移行現象」と呼び，その対象が「移行対象（transitional object）」である（Winnicott, 1971）。移行対象は，母親に代わる安心感を取り戻せるものとして，感覚レベルで母親の一部と感じられる触感のあるもの（例：ぬいぐるみ）が選ばれやすい。

　愛着は，エインズワース（Ainsworth, M. D. S.）が乳幼児の母子間の情緒的結びつきの質を図るために考案した「ストレンジ・シチュエーション法」によって，客観的に測定することが可能になった（図Ⅲ-2）。愛着の形成は，他者との関係や自分自身へのもっとも基本的な信頼感の獲得につながり，将来的に多くの人との関係を築く基礎となる。この際，乳児の示す社会的・情緒的信号（微笑や発声・泣き）に対して，親が応答してあげることが重要である。親が応答的であれば，乳児は親を安心して頼れる存在として感じる。乳児自身の親へのはたらきかけが，親の適切な応答を引き出せるという結果を生じさせて，乳児は自信をもつようになるのである。

48

Ⅲ-2 愛着：親子の結びつき

図Ⅲ-2 ストレンジ・シチュエーション法 (遠藤，2004より引用)

①実験者が母子を室内に案内。母親は子どもを抱いて入室。実験者は母親に子どもを降ろす位置を指示して退室(30秒)。
②母親は椅子に座り，子どもはおもちゃで遊んでいる(3分)。
③ストレンジャーが入室。母親とストレンジャーはそれぞれの椅子に座る(3分)。
④1回目の母子分離。母親は退室。ストレンジャーは遊んでいる子どもにやや近づき，はたらきかける(3分)。
⑤1回目の母子再会。母親が入室。ストレンジャーは退室(3分)。
⑥2回目の母子分離。母親も退室。子どもは1人残される(3分)。
⑦ストレンジャーが入室。子どもをなぐさめる(3分)。
⑧2回目の母子再会。母親が入室しストレンジャーは退室(3分)。

■愛着の存在を示す具体的な行動
接近・接触・後追いといった能動的行動や，微笑・発声・泣きといった信号を通して，接近や相互作用を求める信号行動などがある。他の人に対してよりも，多く示すことが基準となる。ストレンジ・シチュエーション法は，図Ⅲ-2に示すような8つの場面によって構成され，実験的に愛着行動を導くものである。この方法により，以下のタイプに分けられる。

A群（回避型）：分離で泣かず，再会でも母を避けるなど母親との結びつきが薄い行動を示す。
B群（安定型）：分離で泣き，再会で母に身体的接触を強く求め，その結びつきの強さを示すとともに，安心すると活動を再開するといった母親への信頼感を内包する行動を示す。
C群（アンビバレント型）：分離で激しく泣き，再会場面では身体接触を求めるが，同時に叩くなど怒りの感情も示し，十分な信頼感をもてないでいる。
D群（無秩序型）：顔をそらしながら接触を求めるなど矛盾した一貫性のない行動を示す。

(林)

Ⅲ-3　発達初期の社会性の重要さ

　人間の発達にとって社会性はとても重要である。愛着（Ⅲ-2 参照）以外にも，さまざまな心理学の実験や調査によって，赤ちゃんの頃から既に社会的な刺激に敏感であること，また人間が主体的にかかわることが，子どものさまざまな能力の発達に重要であることが明らかになっている。

　赤ちゃんは，発達のかなり初期から人の顔を好んで長く注視するが，目・鼻・口などの配置に敏感である。同じ情報量であっても，明らかに顔に近い形に対して強い関心を示す（図Ⅲ-3参照）。これらは，赤ちゃんの視力が良くないことを考えると驚くべきことであろう（Ⅱ-1 参照）。

　さらに乳児でも，単純な物体の動きの中に，社会的な交渉やその意味を読み取り，「なでる」「助ける」といった正の要素をもつものと，「叩く」「邪魔する」といった負の要素をもつものを区別できることがわかっている（図Ⅲ-4参照）（Premack & Premack, 1997）。これは，心の理論の発達（Ⅲ-4 参照）の源になるだけでなく，正と負が良いと悪いにつながることを考えると，道徳性（Ⅲ-1 参照）の発達の基盤が既に乳児期から備わっていることを示すものといえるだろう。

　また，子どもの能力を豊かに発達させていくには，社会的なかかわりが重要である。たとえば，言語音声のカテゴリー化に重要な敏感期を過ぎてしまった乳児でも，聞いたことのない発話音声を学習できることがわかっている。ただし，それは人間が対面状況で直接的に教えたときだけ学習できた。つまり，ビデオを通して，同じ人間が同じ音声を聞かせても学習はあまり促進しなかったのである（Kuhl, Tsao, & Liu, 2003）。子どもにとって重要なことは，コミュニケーションを含んだ他の人間との社会的な相互作用である。これは大人にとっても同様で，対面状況でのコミュニケーションは有益である。電子メール上では何度やりとりしても進まなかった商談でも，顔を合わせて話をするとスムーズにいくといった話は頻繁に耳にする。すなわち，実際に人と人が接することが，人間にとって大事なのである。赤ちゃんが，幼いころから社会性に敏感であることがわかれば，親の子育ての意識も変わることだろう。

Ⅲ-3　発達初期の社会性の重要さ

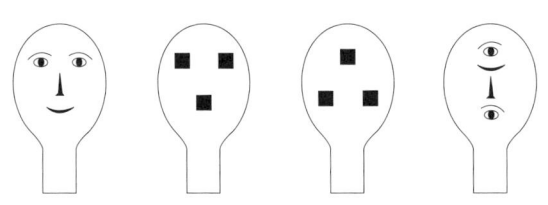

図Ⅲ-3　Johnsonらの実験で用いられた4つの刺激（明和，2006より引用）
▶左2つは「顔らしい」刺激，右2つは「顔らしくない」刺激。生後数日の赤ちゃんは，顔を描いた図形（左端）だけでなく，目・鼻・口の位置に点を描いた「顔らしい」図形（左から2番目）を，他の2つよりも好んで注視した。

なでる　　　助ける　　　　　　叩く　　　邪魔する
正の要素をもつ　　　　　　　負の要素をもつ

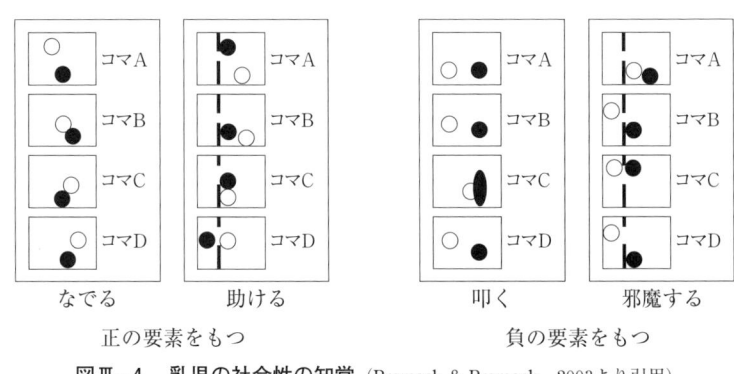

図Ⅲ-4　乳児の社会性の知覚（Premack & Premack，2003より引用）

■負の要素をもつアニメーション（例：「叩く」，白玉が黒玉に何度もぶつかる）を見せ続け，飽きてきたころに，正の要素をもつアニメーション（例：「助ける」，黒玉が穴の向こう側に行けないので，白玉が押してあげて向こう側に行かせる）に切り替えると，見つめる時間が長くなる。このように，「馴化・脱馴化」（Ⅱ-2参照）の手法を用いることで，幼い頃から，単純な物体の動きの中に，正負といった社会的な意味を読み取ることができることが示された。このことは，心の理論や道徳性の発達の萌芽と言えるだろう。

（林）

社会的認識の基礎

Ⅲ-4　心の理論：子どもの心の理解の発達（１）

　私たちは，他者の何らかの行動に接すると，「何を思っているのか」（信念）とか「何をしようとするのか」（意図）といった心の状態を常に推測しようとする。このように，ある行動に対して，その背後に心の状態を想定して理解する枠組みのことを「心の理論」と呼ぶ（Premack & Woodruff, 1978）。心の理論は，心についての体系的知識であり，「素朴心理学」とも呼ばれる（Ⅱ-3 参照）。

　心の理論をもっているかどうかは，「誤信念課題」（Wimmer & Perner, 1983；Baron-Cohen et al., 1985）によって調べることができる（図Ⅲ-5参照）。この課題の鍵は，サリーが知らない間に，ビー玉が移動することにある。したがって，現在ある「箱」ではなく，サリーが最初に置いた「カゴ」と答えると，サリーの「心の状態」を正しく推測できたことになる。健常児では４〜５歳頃から誤信念課題を正答できるようになり，「心の理論」の獲得は幼児期において重要なポイントとなっている。ただし，他者との社会的やりとりに障がいを抱える自閉症児では，年齢が上がっても誤信念課題に誤答する割合が高く，心の理論の問題を抱えていることが示唆されている（図Ⅲ-6参照）。

　また，誤信念課題からわかることは，信念（考えていること）という他者の心の中の状態を表象する場合の理解であり，このような他者の心の中の表象が必ずしも明確に必要とされない原初的な意図などは，もっと年少から理解できる（Tomasello, 1999）。たとえば，相手が何かを示そうとしている「指さし」や，何かに興味をもっている表れとなる「視線」は，生後９ヶ月から１歳半頃には理解し始めることが示唆されている。

　このような指差しや視線の理解は，「共同注意（Ⅲ-1 参照）」とも関連し，心の理解はもちろん，言語の獲得など人間のさまざまな認知発達の基礎となる。

Ⅲ-4　心の理論：子どもの心の理解の発達（1）

サリーとアンの課題

① サリーはぬいぐるみをかごにしまいました。
② 後、アンがやってきて、サリーが部屋を出て、
③ アンはサリーのぬいぐるみを箱の中に入れました。
④ 部屋にもどってきたサリーは最初にどこをさがすでしょう。

図Ⅲ-5　誤信念課題（子安・西垣・服部，1998を参考）

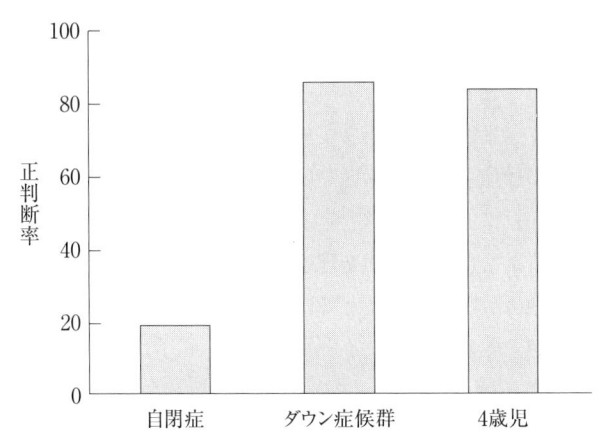

図Ⅲ-6　誤信念課題の正判断率（Baron-Cohen et., 1985）
（Mitchell 菊野・橋本（訳），2000を改変）

■健常児では4〜5歳頃から誤信念課題を正答できるようになり，「心の理論」を獲得することになるが，自閉症児では，年齢が上がっても誤信念課題に正答する割合が低く，心の理論の問題を抱えていることが示唆されている。

（林）

社会的認識の基礎

III-5　心の理論：子どもの心の理解の発達（2）

III-4 でまとめられたように，健常児では4〜5歳頃から誤信念課題を正答できるようになるが，子どもは4歳頃まで心をまったく理解できないわけではない。もっと年少の生後9ヶ月から1歳半頃には，相手の「指さし」や「視線」を理解し始めることが示唆されている。

また逆に，4〜5歳頃に誤った信念課題を正答できることは，心の理解のゴールではなく，社会的な発達はさらに続く（板倉，2007）。たとえば，「『サリーは…と*思っている*』とアンが*思っている*」といった入れ子構造をもつ「二次の心の状態の理解」は，幼児期では難しく，児童期に発達するものである。このような複雑な心の状態を瞬時に読み取ることは，高度な社会的やりとりに必須であり（林，2006），こうした能力の発達により，大人の心に近づいていくのである。

このように，心の理解の発達は連続しつつも，3つほどの段階に分けることができるであろう。生後9ヶ月から1歳半頃には他者の意図に対して敏感になり，4〜5歳頃には他者の心の状態を明確に表象できるようになり，誤信念課題に正答する（一般に「心の理解」の獲得とみなされる）。さらに，9歳頃までに，入れ子構造をもつ心の状態を理解できるようになる。

他者の心の状態に敏感になることで，物事を他者の視点から考えたり，他者に共感することができるようになる。私たちは，相手が大事なことを知らないと気づけば教えてあげるだろう。このように「教育」や「教示」という活動は，心の理論の発達により効果的になっていくといえよう。

他方，心の状態に敏感になることで，子どもは相手が大事なことを知らないと気づけば教えてあげるだけでなく，黙っていて欺くような行動もしだいに出てくるようになるだろう（VI-4，VI-5 参照）。心の理論の発達は子どもにとって必須のことであるが，このように教示と欺きは表裏の関係ともいえ，他者の心に敏感になることは，すべて無条件に良いことともいえないのである。それゆえ，親や教師にとって，子どもが心の理論をもつようになることは，接し方を変えるターニングポイントともなる。

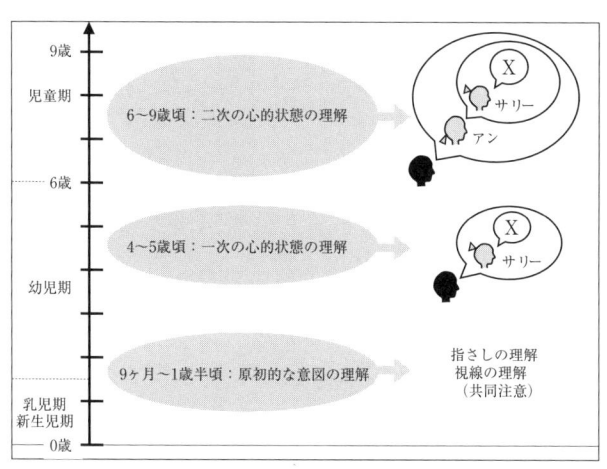

Ⅲ- 5　心の理論：子どもの心の理解の発達（2）

図Ⅲ- 7　心の理解の発達 (Baron-Cohen et., 1985)
（林，2006を改変）

■心の理解の発達は連続しつつも，3つほどのポイントがある。1歳〜1歳半頃に他者の意図に対して敏感になる。健常児では4〜5歳頃から誤信念課題を正答できるようになり，「心の理論」を獲得することになるが，自閉症児では，年齢が上がっても誤信念課題に正答する割合が低く，心の理論の問題を抱えていることが示唆されている。

（林）

基礎編

IV 学習と記憶の基礎

- 1. 学習メカニズム（1）古典的条件づけ…58
- 2. 学習メカニズム（2）オペラント条件づけ…60
- 3. さまざまなタイプの学習…62
- 4. 領域固有性をふまえた教授法…64
- 5. トップダウンとボトムアップの処理…66
- 6. 記憶に基づく人間の情報処理…68
- 7. ことばで伝えられる知識とことばで伝えにくい技能…70
- 8. 一般的な知識と個人に特有の記憶…72
- 9. 学習活動を支えるワーキングメモリ…74
- 10. イメージを喚起させることで記憶に残す…76

学習と記憶の基礎

　新しい難しいことを覚えることだけを「記憶」や「学習」と呼んでいるのではありません。何らかの出来事によって行動パターンが変化することを，心理学では「学習」と呼びます。また，「記憶」と呼ばれるものの中には，さまざまな内容が含まれます。日常のさりげない行動も，私たちの記憶に支えられています。

IV-1　学習のメカニズム（1）：古典的条件づけ

　学習（learning）とは，さまざまな知識や技能を増やし，必要に応じて既存のそれらを修正していくことと言える。しかし，客観的に観察できる刺激と反応の関係から心の問題を扱うべきだとする「行動主義」的な定義では，学習とは「経験による行動の比較的永続的な変化」と定義され，刺激と反応の間の新しい結びつき（連合）が形成されることを意味する。この連合の形成方法は，「古典的条件づけ（classical conditioning）」と「オペラント条件づけ（operant conditioning）」（IV-2 参照）の2つに分けられる。

　古典的条件づけは，2種の刺激が対提示されたとき生じる学習過程であり，唾液分泌など外界の特定の刺激によって誘発される反応がもとになる。「パブロフの犬」の例は，犬にエサ（肉粉）を与えると唾液分泌反応が生じる。これは生得的反応であるので，エサを「無条件刺激」，唾液分泌反応を「無条件反応」という。ここで，エサを与える際にベルの音を聞かせると，始めは「中性刺激」であるベルの音では唾液分泌反応は生じないが，繰り返すうちにベルの音を聞いただけで唾液分泌反応が生じるようになる。この場合，ベルの音は条件づけによって唾液分泌を引き起こす力となったため「条件刺激」と呼び，ベルによって生じた唾液分泌反応を「条件反応」という。「ベルの音を聞いて唾液を出す」行動は，新たな連合であり，学習となる。

　古典的条件づけは強力で，組み合わせ次第では恐怖症を生み出すもとになる。「アルバート坊や」の実例では，生後9ヶ月の子どもにとってネズミは中性刺激であったのに，ハンマーで金属を叩く音をともなわせた結果，ネズミを見るだけで恐怖反応を引き起こすようになった。このような結びつきは，1回の提示でも条件刺激になることがあり，恐怖学習が成立することもある。

　親や教師は，教育の過程で子どもに重要事項を繰り返し提示し，誤っていることに対しては繰り返し注意を与えることになる。このとき，繰り返し何かを提示する際に不快な刺激がともなっていないか，叱ったりする際に別の刺激がともなっていないかを注意する必要がある。古典的条件づけから，不注意な情報の提示や叱責で，何らかの恐怖症が成立してしまう危険性がある。

Ⅳ-1　学習のメカニズム（1）：古典的条件づけ

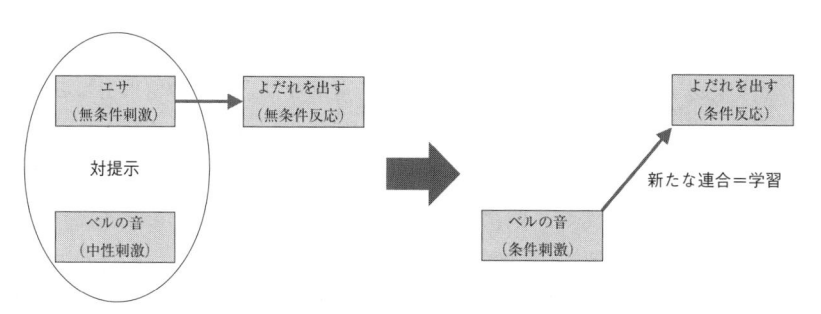

図Ⅳ-1　古典的条件づけの構造（藤田，2007を改変）

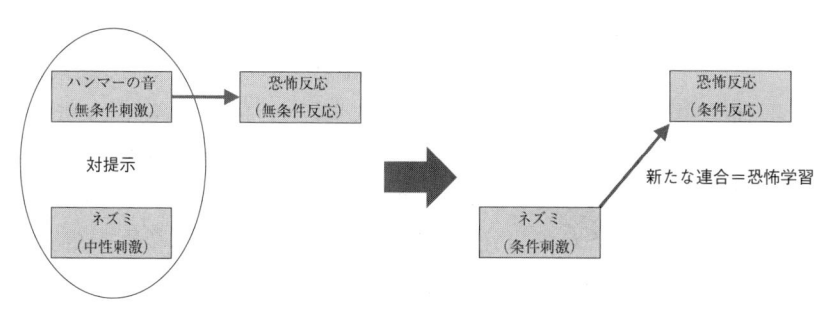

図Ⅳ-2　恐怖学習の構造

（林）

Ⅳ-2　学習のメカニズム（2）：オペラント条件づけ

　古典的条件づけは，生得的な反応のように，自分の意志ではなく受け身による学習であるが，オペラント条件づけは，自発的な反応とその結果生じる外界の事象との関係の学習過程である。ネズミが偶然にレバーを押すとエサが与えるようにすると，徐々にレバーを押す生起頻度が増大する。このように，反応（レバー押し）に随伴して「強化刺激（強化子）」を与えることを「強化」といい，反応に随伴して与えると生起頻度が高まるような刺激（例：動物の場合は「エサ」，人間の場合は「褒める」）を「正の強化刺激」という。逆に，罰のように反応に随伴して与えると生起頻度が低くなるような刺激（例：動物の場合「電気ショック」，人間の場合「叱る」）を「負の強化刺激」という。

　実際の教育場面では，強化刺激の正負は思惑通りにならない場合がある（藤田，2007b）。たとえば，子どもが学校やテレビなどで覚えた下品な言葉について，使うのを止めるよう注意してもますますエスカレートすることがある。こうした迷惑行動は，若い親や教師あるいは教育実習中の学生がしばしば手を焼くことであるが，これは子どもに「注目を与えること」が原因と考えられる（立元，2004a）。すなわち，「注意する」ということが，迷惑行動を低減させたいという大人の思惑通りの負の強化刺激としては機能せず，逆に「かまう（注目を与える）」という正の強化刺激となってしまっていると考えられる。

　ここで，何らかの行動をするとそれにつれて環境の変化が起こるという「行動と環境との関係」を随伴性という。この随伴性を断ち切ることで，行動を低減することも可能である（これを「消去」という）。上の迷惑行動でいえば，一時的に子どもに注意を与えない「計画的な無視」も有効となりうる。ただし，この随伴性の断ち切りを強めすぎると，環境に対して影響をおよぼすことができないというネガティブな感覚が生じ，何をしても無駄だという「あきらめ」の境地に至る危険性もある。これは「学習性無力感」と呼ばれ，子どもの無気力を生み出す一つとして考えられる。迷惑行動を低減させる場合は，「良い行動」（例：自発的に掃除をしている）が出た時に声をかけるなど別の場面でかまう（注目を与える）ことで随伴性を高めるのも効果的といえよう。

Ⅳ-2　学習のメカニズム（2）：オペラント条件づけ

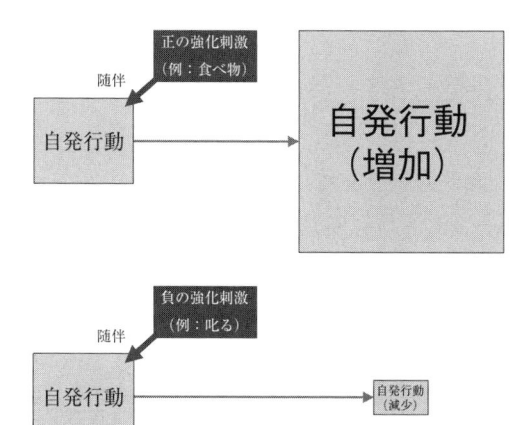

図Ⅳ-3　オペラント条件づけの構造

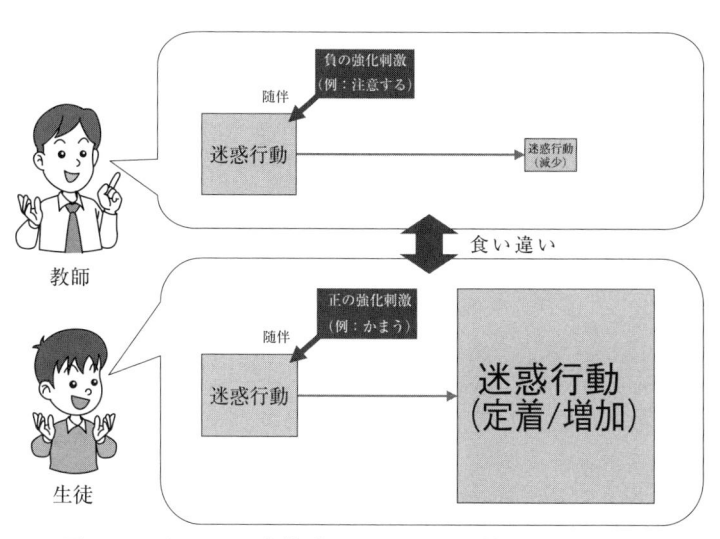

図Ⅳ-4　オペラント条件づけをふまえた迷惑行動のメカニズム

▶オペラント条件づけの知識があると，子どもの迷惑行動に対処できる可能性が高まるだろう。大人が「負の強化刺激」として期待していることが，逆に「正の強化刺激」として機能してしまっている可能性がある。

(林)

IV-3　さまざまなタイプの学習

　学校教育の現場では，同時に多くの子どもたちに効率よく教える必要性から，知識を伝達する側の教師を中心にとらえる見方が従来から支配的であった。教える内容が事前に詳細に決められているような場合には，学習者一人ひとりの個性や能力の違いになかなか目を向けることができない。

　そのような状況にあっても，学習者がすでにもっている知識や経験を活性化してから，関連する新しい知識となる情報を提示すれば，学習がしやすくなるという考え方をオーズベルが提唱した。このような方法は，有意味受容学習と呼ばれ，事前に学習者に与えられる情報は，先行オーガナイザーと名づけられた。とりわけ，言語情報による新しい概念の獲得などには効果があることが示されている。

　ところが，そこに複数の学習者がいれば，彼らはすべて同じ知識や能力，さらには，同様の学習意欲をもっているとは考えられない。教える側だけの都合では，学習者にとって意味のある学習がなされない可能性もある。学習者一人ひとりの学習意欲を高めるためには，テストのためだけの知識注入型の教育ではなく，学習者の意欲や興味関心をかきたてるような学習が，学校教育のような場面でも必要であると考えられる。

　そのためには，子どもたちが最終的に学習すべき抽象的な知識や理論を，教師が唐突に教えるのではなく，子どもたちが興味をもちやすいような複数の具体的な事例を提示したり，そこでタイミングよく発問したりすることにより，子どもの好奇心を活用して学習意欲を高める工夫が必要となる。科学上の発見と同様の思考過程を子どもたちにたどらせることにより，知識を獲得させようとする学習方法を発見学習という。学習者が主体的に学ぶためには，時間をかけることが必要で，教師があえて結論を教えないことにも大きな意味がある。

　このほか学習は，学習者本人が自ら行動したり，直接強化を受けたりしなくても，他人の行動の結果から学んだり，他人を模倣したりすることでも成立する。このような観察学習や他人の模倣などは，対人関係のなかで身につける学習方法であり，社会的学習理論のなかで位置づけられている。

IV-3　さまざまなタイプの学習

写真IV-1　コンピュータの操作に関する観察学習

■パソコンの操作方法などは，マニュアルを読んだり，誰かに教えてもらったりするのではなく，誰かがパソコンを操作しているところを見ることで学習が起こり，次からは自分一人でできるといったことがある。人間以外の動物においても，親や仲間の行動を観察することによって新たな行動パターンが学習されることが数多く報告されている。
≪写真は http://www.fotosearch.jp よりロイヤリティフリーの物を使用≫

(井上)

Ⅳ-4 領域固有性をふまえた教授法

　心理学では長い間，人間の心を「コンピュータのような汎用学習機械」とみなすことが一般的であった。ある発達段階に到達した子どもは，物の動きのような物理的事象であれ，人間関係のような社会的事象であれ，どのような内容でも同じような思考が適用できるとされ，このような考え方は「領域一般性（domain generality）」と呼ばれる。

　ところが近年は，人の心はいくつかの領域に分かれて発達するという考え方が主流になっている。このような考え方は「領域固有性（domain specificity）」と呼ばれ，子どもは幼いときから，日常経験を通して「素朴物理学」「素朴心理学」「素朴生物学」（Ⅱ-3 参照）をもっており，どのような文化においても取得される生得的な言語獲得装置があることが明らかにされている。人の心が領域固有的な面をもつとすれば，ある子どもが，実際は具体的操作期の年齢であっても，ある領域では形式的操作期に相当する程度まで発達しており，別の領域では前操作期に相当する程度までしか発達していないことがありえる（Ⅰ-4 参照）。つまり，同じ子どもの中で，ある部分では高度な知識をもっており，抽象的な思考ができる一方で，別の部分では自己中心性を示すことも考えられる。そこで教師は，個人間では個人差に注意するとともに，個人内では，領域固有性や素朴理論に注意する必要がある。「個に応じた教育」の重要性が述べられるようになり，個人差の方は注意が向きやすいが，個人内の領域固有性は相対的に注意が向きにくいといえるだろう。

　領域固有性をふまえると，教育的には2つのことが重要と考えられる。1つは，さまざまな領域をできるだけ満遍なく伸ばし，子どもの将来的な可能性を広げてあげるような教育である。もう1つは，ある領域の発達が著しいことに気づいた場合は，その芽を摘むことなく，伸ばしてあげることである。これとは逆に，もし年長になっても簡単な計算だけが困難であるといったように，ある領域だけ極端に能力が劣る場合は，学習障がいや発達障がいである可能性を検討し，それに応じた教育をする必要があるだろう（Ⅲ-2 参照）。

IV-4　領域固有性をふまえた教授法

図IV-5　領域固有性をふまえた教育

（吹き出し内：素朴物理学 ⇔ 素朴心理学／素朴生物学）

■人間の知能の構造は，いくつかの領域ごとに分かれて発達していく可能性が強い。領域がいくつに分けられるかは心理学においてもまだ明確ではないが，少なくとも物理的な領域，心理的な領域，生物的な領域の3つは，素朴物理学，素朴心理学，素朴生物学として幼児期頃から子どもなりの知識体系をもっていることが知られている（II-3 参照）。

（林）

Ⅳ-5　トップダウンとボトムアップの処理

　一般に，低い水準から高い水準に向かう情報処理をボトムアップ的アプローチと呼び，逆に高次な水準から低次な水準に向かう情報処理をトップダウン的アプローチと呼ぶ。前者が，個々の具体的な事例から抽象的な複雑な構造に向かうような，どちらかというと自動的な処理をさすのに対して，後者は，高次な機能のはたらきによる目的志向型の処理をさすことが多い。

　とりわけ認知心理学の領域では，ボトムアップ的アプローチをデータ駆動型処理と呼び，トップダウン的アプローチを概念駆動型処理と呼ぶことがある。たとえば，人間が見たり聞いたりする内容をもとに，それが何であるか認知するような活動は，目や耳から入力されるデータの質に依存した処理であることから，データ駆動型の処理と呼ばれる。これに対して，人間がもつ知識をもとに次に出てくる事物を予想したり，論理的に期待されるものを生成したりするような処理は，人間のもつ記憶構造における概念が大きな役割を果たしていると考えられるため，概念駆動型処理と呼ばれる。

　私たちの認知活動の多くは，このトップタウンの処理とボトムアップの処理の双方が同時にはたらいて，より効率のよい情報処理がなされているものと思われる。たとえば，人ごみのなかで待ち合わせをしている知り合いを見つけようとしているときなどは，その人の姿や顔を思い浮かべながら，目に入ってくる人たちの像と比較して照合していることがある。その際，視覚イメージを思い浮かべる行為はトップダウン的な処理であるが，目に入ってくる像を処理するのはボトムアップ的な処理といえる。その知り合いについての知識がなければ，トップダウンの概念駆動型の処理は使用できないことになる。

　子どもたちも日常生活の中で，やはり知識に基づいた概念駆動型の処理に頼ることは少なくないが，その知識を豊かに築き上げていく作業が，大人よりも必要性が高いと思われる。とりわけ子どもたちにとっては，知識の構築はことばの説明だけでは不十分である。したがって，実際に身体を動かして，さまざまな感覚をとおして得られるものをもとに，豊かな知識を築き上げていくことが強く求められることになる。

IV-5　トップダウンとボトムアップの処理

1	?	3	?	4	?	2	?	6
?	4	7	6	?	2	9	5	?
?	2	?	5	7	3	?	1	?
?	6	9	?	3	?	8	4	?
5	?	1	8	?	4	7	?	2
4	?	2	?	9	?	6	?	5
3	7	?	1	?	6	?	8	9
2	1	?	4	?	9	?	6	7
6	9	5	?	?	?	1	2	4

図IV-6　「数独（スウドク）」あるいは「ナンバープレイス（ナンプレ）」と呼ばれる数字を用いたゲームの問題例

▶回答者に要求されるボトムアップの処理が必要な課題では，9行9列のマトリックスの空欄のなかに，1から9までの数字のいずれかを入れて，横の9行と縦の9列と，さらには，この中にある3行3列の9つのマトリックスのすべてに，1から9までの数字を1つずつ入れることが求められる。つまり，与えられた刺激のすべてに矛盾しないように空欄に1ケタの数値を配置していくことが要求される。

図IV-7　隠し絵「ナポレオンの墓参り」

　一見普通の風景画に見える左の絵は，じつはそのタイトルのとおり，歴史上の人物であるナポレオンが，墓参りをしているところを描いたもの。典型的なナポレオンの像についての知識がある人には，2本の木の間にナポレオンの姿を見ることができる。これは，トップダウン的処理の認知活動によるものである。

（井上）

IV-6　記憶に基づく人間の情報処理

　私たちは誰かに人を紹介されたりすると，その人の顔や名前だけでなく，その人のさまざまな特徴を覚えているものである。つまり，目や耳から入ってくる情報は，何らかの形で処理され記憶に残されていく。ところが，名前や細かな特徴をその場ですぐに忘れてしまう場合もあれば，一度会っただけで何ヶ月も何年も覚えている場合もありうる。自分の興味や関心の強さによって，あるいは，その人が自分にとって重要かどうかという判断によって，私たちは入ってくる情報を，表面的に処理したり，注意深く処理したりする。ここでは，人間の情報処理の仕方と記憶の関係について理論的な背景を解説する。

　1960年代に提唱された記憶の多重モデル（Atkinson & Shiffrin, 1968）は，人間の記憶が3つの種類の記憶から成り立っていると説明した。その3つの記憶とは右の図に示すとおり，感覚記憶と短期記憶，そして長期記憶と呼ばれるものであった。感覚記憶とは，複数の感覚に入ってきた情報をごく短時間だけ一時的に貯蔵できる，それぞれの感覚にある記憶であると考えられた。その感覚記憶に入った情報に注意が向けられると，それらの情報は次の段階で短期記憶に入り，何らかの作業をするのに必要なだけその記憶に保持される。ところが，この記憶には容量に制約があり，一度に大量の情報を保持しておくことは難しいと考えられた。短期記憶の情報は，その後の活動次第では，そのまま忘却されるか，あるいは長期記憶に転送されることになる（IV-9 参照）。

　人間が何かを学習するということは，長期記憶に新たになんらかの情報を付加することを意味する。たとえば，あるレストランの電話番号を調べてかけたとしても，普通はかけ終わった後でその番号は忘れてしまう。この場合は，短期記憶で一時的に留められていた情報が長期記憶に転送されずに忘却が起こったことになる。ところが，数字の語呂合わせなどで意味づけをして覚えた番号などは，長期記憶に転送され，次回電話番号が必要なときに，比較的簡単に長期記憶から検索されることになる。歴史的なの出来事が起こった年の記憶や，一桁の数値の平方根の値などを記憶するときに，語呂合わせなどを用いて覚えることは，短期記憶から長期記憶へ情報を転送していることに他ならない。

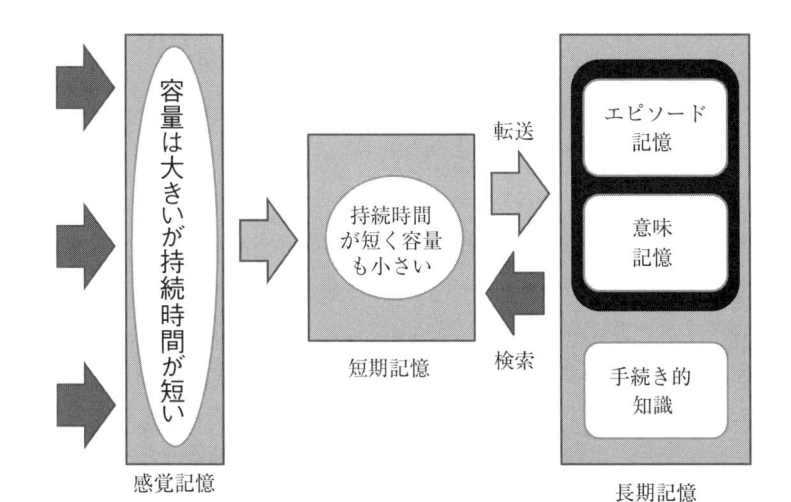

IV-6　記憶に基づく人間の情報処理

図IV-8　初期に提唱された記憶の多重モデル

▶人間の記憶の貯蔵庫を複数の箱にたとえて表現されているため，記憶の多重モデルと呼ばれることがある。長期記憶の容量は非常に大きいと考えられる。そのなかには，宣言的記憶と手続き的記憶の2つのタイプの記憶が存在し，さらに，宣言的記憶は，エピソード記憶と意味記憶に分類される。

（井上）

Ⅳ-7　ことばで伝えられる知識とことばで伝えにくい技能

　記憶の2分類として，宣言的知識と手続き的知識という区別がある。前者が比較的ことばで表現可能なものであるのに対して，後者はことばで説明するようなことが難しく，かつ，動的な特徴をもつ記憶であるといえる。テスト問題に答えるための知識のようなものが，宣言的知識と考えられるのに対して，自動車や自転車の運転の仕方，ネクタイの結び方やメールの打ち方などは，手続き的知識と考えられる。この2分類は教育的に大きな意味がある。その理由は，主として言語情報をもとに学習したものは，宣言的知識として頭の中に貯蔵されるのに対して，実際的な場面で身体を動かして感覚的に技能として身につけたものは，手続き的知識として記憶されている。したがって，学習の目的に応じた適切な方法による学習や指導がなされなければならないからである。

　たとえば，オルガンの演奏方法を指導するのに，オルガンのないところで，ことばだけで指導しただけでは，オルガンが上手に弾けるようになることは期待できない。逆上がりのできない子どもに，鉄棒の握り方と身体の重心移動について教室のなかでことばによる説明をしたところで，急に逆上がりができるようになるとは考えにくい。すなわち，学習内容によっては，身体を動かしながら複数の感覚をはたらかせて，学習しないと目立った効果が得られないようなものが存在する（Ⅸ-1，Ⅸ-2 参照）。

　逆に，漢字の読みやその意味を覚えること，芸術家の名前と作品名の組み合わせ，あるいは歴史上の人物とその出身国名の組み合わせを覚えることなどは，教室内ですわって言語情報を中心に学習することが可能である。もちろん，そのようなときにでも，人物の肖像画や写真などが視覚イメージとして学習時に提示されれば，そのような知識はより強固なものになるかもしれない。また，ある音楽の曲を聴きながら，その作曲者の名前を学習すれば，曲名と作曲者の名前の連合は，記憶において強く形成されるかもしれない。しかし，あえてそのときに，学習者が身体を動かして覚える必要はない。

　言語情報を中心とした概念的な学習は，筆記テストで調べられるような知識を問う場合には有効であるため，教育現場では過剰に評価される可能性がある。

Ⅳ-7　ことばで伝えられる知識とことばで伝えにくい技能

表Ⅳ-1　小学校の各教科ごとに学ぶ内容についての記憶の分類との関係

教科	宣言的知識の例	手続き的知識の例
国語	文学作品と著者名，漢字の意味と読み	漢字の筆順，句読点の打ち方
算数	公式の知識，図形に関する定理	演算，論理の展開，証明問題の解
理科	元素記号の知識，生物の名前	実験の方法，物理の計算
社会	国名や歴史上の人物の名前，法律	地図の読み方，資料の読み方
音楽	作曲家や作詞家の名前，楽器の名前	ソルフェージュ，楽器の演奏方法
体育	ルールの知識，競技種目の名称	実技，ゲームの規則の判定
図工	芸術家の名前と作品名，画材の知識	絵を描くこと，作品を作ること
家庭	肥料の成分とはたらき，栄養素の知識	調理方法，工作方法，製図

（記憶の種類）

（井上）

Ⅳ-8　一般的な知識と個人に特有の記憶

　人間の記憶というのは，いうまでもなく高次の認知機能である。すなわち，私たちの日常の行動や思考のすべてを基礎から支えるはたらきをしてくれている。記憶のなかには，今まさに意識している事柄の記憶（ Ⅳ-9 参照）から，遠い昔の幼い頃の出来事に関する記憶まで，その内容によってタイプの異なる記憶があることが知られている。たとえば，昔のことはよく覚えているのに，新しいことが覚えられないという記憶の問題は，高齢者の多くの人が経験することであるが，このことは，私たちが異なるタイプの記憶を有していることを示すひとつの証拠である。

　人間の記憶は，意味記憶とエピソード記憶に分類されることがある。たとえば，ことばに関する知識や，多くの人たちによって共有されている知識が意味記憶と呼ばれるのに対して，自分が直接経験した具体的な出来事や自分自身に関する事柄などで時間や場所などの文脈情報をともなう記憶は，エピソード記憶と呼ばれ，これらの2つのタイプの記憶が異なることも明らかになっている。

　たとえば，「三重県の県庁所在地はどこ？」というような質問に答えるために，知識の検索で使用される記憶は意味記憶であるが，「昨日の夜，どこで何を食べたか？」というような質問に答えるために，必要な内容はエピソード記憶として貯蔵されていると考えられている。

　井上・山名（2008）は，大学生がもつ幼児期の記憶についての心理学的な調査を実施した。その結果では，一度きりの出来事の記憶は，繰り返し経験される出来事の記憶よりも，そのエピソードに関する気持ちを鮮明に思い出すことができることが示された。また，繰り返し経験される出来事の記憶については，感情的にポジティブな（楽しく愉快な）内容が比較的多く報告されたのに対して，一度きりの出来事の記憶は，逆にネガティブな（悲しく辛い）内容が数多く報告されることも示された。

　なお，エピソード記憶は，個人が経験する個々の出来事の記憶を集めたものとみなすこともでき，時系列によってもとらえることが可能であることから，自伝的記憶と呼ばれることもある。

Ⅳ-8　一般的な知識と個人に特有の記憶

表Ⅳ-2　大学生が回答した幼児期の記憶の具体例

回答者	繰り返し経験した出来事の記憶	一度きりの出来事の記憶
大学生A（女子）	保育園で友達と泥だんごをすごく真剣に作っていた。誰が一番固くキレイに作れるか競っていた。	歯医者に連れていかれたとき，嫌がって暴れすぎて治療台に綱でおさえつけられた。治療後「もう来ないでください」と言われた。
大学生B（女子）	同じ社宅に住んでいたおさななじみの女の子と近くの公園「おならび公園」でおままごとをした。	同じ社宅で住んでいた仲良しの友達と社宅の中で，小さい子が乗る車（？）に乗って遊んでいたら，階段から落ちた。でも怪我することもなく無事に着陸した!!
大学生C（男子）	お昼のお遊戯の時間のとき，よく保育園の遊具で友達と遊んだり，走り回ったりしていた。	まだおもらしが治らなくて，保育園のお泊り会のとき，寝ないよう一日中起きていた。
大学生D（男子）	年少の頃はいつも兄に手を引っ張られながら，保育園の中に入っていたみたい。	親に保育園まで送ってもらったが，その日は兄（年長）がいなくて1kmぐらいの距離を歩いて帰って来た。親に送ってもらって，すぐ歩いて帰って来て，家の前ですわっていた。
大学生E（男子）	公園のかべに向けてテニスボールを投げている。	親の車のドアを思い切りあけて，壁にぶつけて怒られた。

注：上記の回答例は，いずれも一度きりの出来事の記憶が，繰り返しの出来事の記憶より，気持ちを鮮明に思い出すことができるとしたものであるが，回答者によっては少数ながら，逆のパターンを示すもの，いずれも，そのときの気持ちを鮮明に覚えている回答などもみられた。表記は回答で得られたままのものとした。

（井上）

IV-9　学習活動を支えるワーキングメモリ

　1970年代になると，短期記憶についてのより詳しい研究が進み，それにとってかわるような形で，ワーキングメモリ（作動記憶）という概念が提唱された。ワーキングメモリとは，コンピュータのCPUにあたる人間の重要な記憶のひとつで，人間が高次な認知機能を用いて，なんらかの行為を遂行するときに必要な一時的な記憶の場所を提供する。

　たとえば，本を読むときには，目から入ってくる視覚的な情報と，それに関連する知識（長期記憶に保存されている情報）の両者が必要とされる。そのようなときに，その両方の情報が一時的に保存され，そこで目的指向型の情報処理がなされる場所がワーキングメモリである。かりに，その本に挿絵や写真があるとすると，そのような視覚イメージ情報は視空間スケッチパッドと呼ばれるところで処理される。また，文字言語などの音韻的な情報をともなう言語情報は音韻ループを用いて処理される。このようにワーキングメモリは，今まさに意識している情報の所在場所と考えることもできる。

　それはなにもデスクワークのときだけにかぎらない。たとえば，ナビゲーションの装置を利用しながら知らない道を運転しているときなどは，画面に出てくる地図や実際の道路の視覚イメージ情報などが，視空間スケッチパッドで処理され，装置から聞こえてくる音声などは音韻ループで処理される。すなわち，ワーキングメモリの概念は，処理される情報の形態に着目し，より具体的に人間の情報処理を説明することを可能にしたため，多くの研究者に受け入れられたものと考えられる。

　当初，このワーキングメモリは，注意をどこに向けるかを指示するような中央制御装置と，主として言語情報を保持する音韻ループ，そして視覚イメージ情報を保持する視空間スケッチパッドの3つの構成要素で説明されていた。ところが最近になって，4つ目の構成要素であるエピソディック・バッファーという概念が提唱された（Baddeley, 2000）。ここでは，さまざまな形態の情報や長期記憶からの情報が一時的に集められて，ひとつのエピソードを表現できるように，まとめる機能をもつと考えられている。

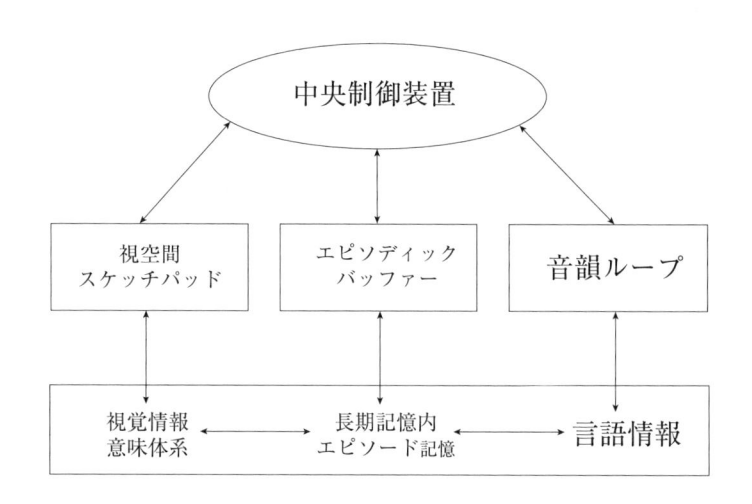

Ⅳ-9　学習活動を支えるワーキングメモリ

図Ⅳ-9　Baddeley（2000）が提唱したワーキングメモリのモデルの概念図

■ワーキングメモリとは，情報を一時的に保ちながら操作するための構造や過程を指し示す認知心理学の構成概念。作動記憶，作業記憶などと訳されることがある。中段の3つの四角で示されるそれぞれの処理システムは，同時に稼働することが可能であると考えられる。そのことによって，たとえば，車の運転をしながら会話をすることや，ニュースを聞きながら料理をするなど，情報の形態が異なる二重課題を，比較的容易に遂行できるものと考えられる。

（井上）

Ⅳ-10　イメージを喚起させることで記憶を残す

　私たちおとなは，覚える必要のある内容をどのようにすれば記憶に留めておけるかについて，いくつか知っていることがある。たとえば，声に出して何度か言ってみるとか，数字の語呂合わせを用いるとか，すでに知っている類似の事象と関連づけるなど，いわゆる記憶方略についての知識を有している。

　そのような記憶方略のなかで，幼児にも有効なもののひとつに，イメージを思い浮かべるという方略がある。著者がおこなった幼児を対象にした記憶実験（Inoue, 1991）では，幼児一人ひとりに「ヤギ」や「ニワトリ」「救急車」などの10個のことばを聞かせて，覚えてもらう課題に3条件を設定した。それぞれの条件では，子どもたちに伝える（教示する）表現を3種類用意した。すなわち，①「あとで同じことば言ってもらうから覚えてね」②「どんな音や鳴き声がするか教えてちょうだい」③「どのくらいの大きさか手で示してちょうだい」というものである。

　すなわち，①のグループの子どもは，意図的に覚えることを指示されるが，②のグループの子どもは，たとえば，「時計」と言われたら「カチコチ」と答えるというように，その聴覚イメージをふくらませることが求められる。また，③のグループでは，実験者による単語の提示ごとに，たとえば，「カエル」は小さく手で表わし，「救急車」は思いっきり両手を広げて表現するというように，視覚的にイメージしたものを身体を使って表現することが求められた。

　その結果は右の図Ⅳ-11に示すとおり。②の聴覚イメージ条件や，③の視覚イメージ条件の子どもたちの記憶成績が，「覚えなさい」と言われた①条件の子どもたちの成績より，明らかに高い値が得られた。すなわち，物事をよく覚えさせようというときに，「覚えて」というのではなく，それぞれの単語が示す指示対象について，なんらかのイメージを喚起させるように仕向けることが，記憶の成績向上には非常に効果的であることが示されたといえる。

　ただ，既存の知識を活用してさまざまなイメージを喚起することによって，間違った記憶も形成される可能性について，最近の研究では明らかにされていることもある（Foley, Hughes, Librot, & Paysnick, 2009）。

Ⅳ-10 イメージを喚起させることで記憶を残す

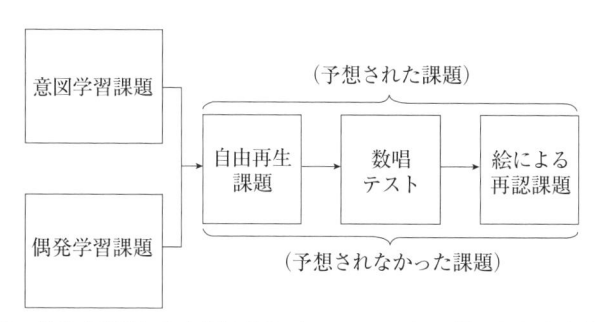

図Ⅳ-10 幼児を対象にした記憶実験（Inoue, 1999）で用いられた実験手続き
▶意図的に覚えるように教示される条件（意図学習課題）のほかに、聴覚イメージか視覚イメージのいずれかを喚起することが求められる条件（偶発意図課題）が設定された。

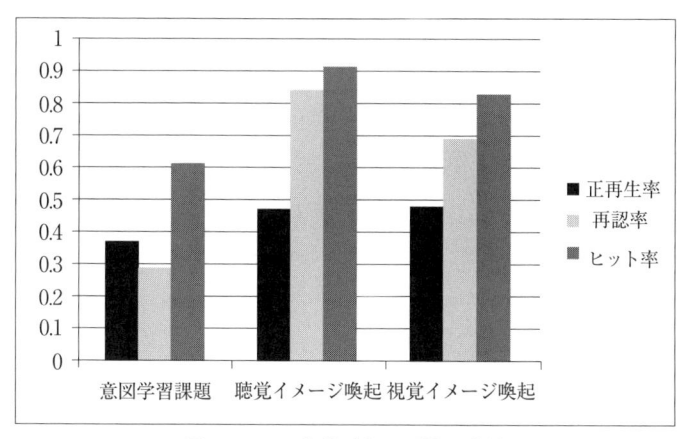

図Ⅳ-11 3条件ごとの記憶の成績
▶「覚えて」と指示された子どもより、イメージの喚起を求められた子どものほうが、音声で提示された単語をより多く思い出して答えることができた（Inoue, 1999の結果から著者がグラフを作成）。正再生率とは、提示された単語を正しく想起して回答できた割合。再認率とは、提示されなかった単語と提示された単語を数多く示された中から、提示されたものと提示されなかったものを正しく区別できた割合。ヒット率とは、そのような再認課題で、提示された単語を正しく「あった」と答えられた割合。

（井上）

応用編

V 遊びの中の学び

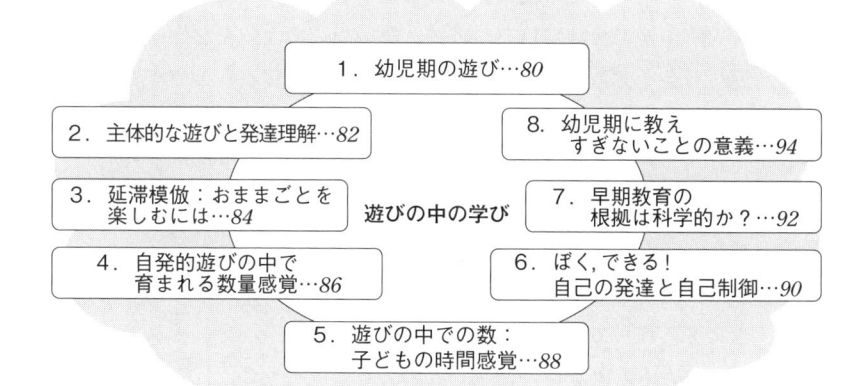

遊びの中の学び

1. 幼児期の遊び…80
2. 主体的な遊びと発達理解…82
3. 延滞模倣：おままごとを楽しむには…84
4. 自発的遊びの中で育まれる数量感覚…86
5. 遊びの中での数：子どもの時間感覚…88
6. ぼく，できる！自己の発達と自己制御…90
7. 早期教育の根拠は科学的か？…92
8. 幼児期に教えすぎないことの意義…94

「遊び」と「学び」は，まったく逆のものだと思っていませんか。教室の中のような学習場面で何かを覚えることだけが「学び」ではありません。とりわけ幼児期には、子どもが自発的な「遊び」の中で身につける多くの事柄があります。幼児期にしっかり遊ぶことの意義を、いま一度考えてみたいと思います。

V-1　幼児期の遊び

　子どもの遊びは，主体者である子どもの自発的行為と自主的行為である（高杉，2006）。幼稚園教育要領解説には「遊びは遊ぶこと自体が目的であり，人の役に立つ何らかの成果を生み出すことが目的ではない。しかし，幼児の遊びには幼児の成長や発達にとって重要な体験が多く含まれている（文部省，2008）」と書かれている。子どもは遊びを通してさまざまなことを学んでいる。しかし，それは子どもが自ら主体的にかかわっている遊びの中で，である。

　さて，写真V-1の年中の女の子たちは小麦粉粘土を作っている。最初は担任が小麦粉と油を入れ，その後は自分たちでコネコネとしている。それから小麦粉粘土をいくつかに分けて色をつけて，思い思いのケーキを作っていた。この日はお誕生日会をするようで，自分たちでケーキを作ろうというのだ（写真V-1右側）。この日，著者はデジタルカメラを携えて観察にいったのだが，このケーキを作ったサナエは，「まだ，撮っちゃだめ」となかなか撮影を許してくれなかった。そしてケーキが完成したころ，「できたから，いっぱい（写真を）撮っていいよ」と言ってくれた。

　また同じ日，外ではいろいろなクラスの子どもたちが，砂場に水を流し込みながら，なにやら作っているようであった（写真V-2）。それぞれのイメージは違っていたのかもしれないが，水をどのように流そうか，穴を掘ってみようかなど，子どもの遊びは展開していった。

　どちらの遊びも幼児期の何気ない遊びの一コマであるが，子ども自身がしたいことに主体的にかかわることと，このような活動が用意されて，みんなで一斉におこなうのでは，子どもの感じ方が変わってくる。無藤（1998）は，自主性を体験から育てるには，活動自体においていかに子どもの主体性を認めるかが重要なことであり，子どもが選択できることを体験しつつ，そこから現れた問題を追及する自由とゆとりをもつこと，活動の運営自体を子どもたちの力にゆだねることなども，もっと広げるべきであると指摘している。この時期の子どもたちに何を経験してほしいかによって，遊びの援助も当然，異なってくるだろう。

V-1　幼児期の遊び

写真V-1　小麦粉粘土を作るところから……

写真V-2　水浸しになりながら……

(山名)

V-2　主体的な遊びと発達理解

　木下（2010）は，子どもの発達について考えるときに，能力や機能のつながりを丸ごと理解することが重要だと述べている。すなわち，子どもの発達を語るときに，運動能力や言語能力といった何かしらの能力を主語におくのではなく，子どもの名前を主語において語ることが実践討議には重要なことだと指摘している。それは，何かの能力を伸ばすため，何かを学ばせるのではなく，遊びの中で「結果的」に「つながり」ながら，何かが「できるように」なったり，「身について」いたりすることである。さらにいえば，「○○能力」と大人が区別して取り出したとしても，子どもにとっては分けることのできない，つながっているものの一つであるという認識をもち，子どもの遊びを考えていかないと「遊びではない遊び」になってしまうかもしれない。

　「遊び」と「学び」は本来，渾然一体のものであり，子どもの世界では，遊ぶことも学ぶこともほとんど区別がない。遊びの中で学んでいるものだし，学びは遊びごころをもって生じている（佐伯，2004）。真の学習の成立は，生活の必要から学ぶ場合と，もう一つは興味関心があって好きで学ぶ場合であり，遊びとしての学習はある意味でいい加減で融通がきくものである（清水，1996）。この「遊びごころ」や「ある意味でいい加減」な子ども遊びを，私たち大人がどのように楽しんだり，一緒になって遊ぶことができるのかということが，子どもの遊びを理解するためには必要なことなのかもしれない。また高杉（2006）は，子どもが遊ぶということは自ら「状況」と「脈絡」を創りながら，自分のイメージを実現していくことであり，この自ら状況と脈絡をつくり判断する力は，これから人間が生きていくためにきわめて大切なことである，と子どもが主体的に遊ぶことの重要性を論じている。自分がやりたいと思って成し遂げたときのその子ども自身の喜びの重要さを論じながら，子どもが主体的に遊び，自分自身がそのことを評価したときにこそ，学ぶものがある（村井，1987）。

　発達の最近接領域（I-5 参照）を考えるときも，「遊び」について考えることは重要である。主体である子ども自身が，何かを「乗り越えたい」と思わない限り，大人がいくら「引き上げよう，伸ばそう」と思っても，本当の意味での学びにはならない。

コラム1　誰にとってのがんばり？

　佐伯（2004）は著書の中で，以下のようなことを述べている。「運動会の『練習』でみんなができる『跳び箱』が全然できない子どもに，『努力』と『練習』を強いて，なんとしてでも『できるように』してしまうというのは，どう考えても『遊び』はなく，まさしく『お勉強』そのものだ。そうやって自分の弱点を『克服』すれば，本人に自信がついて，以後，いろいろなことに挑戦するだろうというのが，『教える側』の論理であろう。しかし，『他人より3倍苦労して，やっと他人と同等になれた』ことは，本当の『自信』につながるとはかぎらない。そんなことより，好きなことだから，ただ自分に『向いていること』を他人の3倍時間と労力をかけて，結果的に『他人よりぬきんでる』力をつけることは，よくあることである。」

　実は，このような場面は案外，さまざまな場面でみられる。子どもは自分の大好きな人（たとえば親や保育者）が喜んでくれるのをみれば，多くのことはできる。しかし，それが本当に「子どものため」なのかどうかは，もう少し丁寧に考える必要があるかもしれない。

コラム2　幼保小の連携の"連携"って何？

　遊びの中での学びについて考えるときに，幼小の連携やカリキュラムの連続性から，小学校でおこなうような授業の形態を，幼稚園や保育園でもおこなっていることがしばしばみられる。あるいは，小学校に入学したときに，幼稚園に通っていた子どもと保育園に通っていた子どもでは育ちに違いがあるので，お互いが連携しながら小学校に備えようということも考えられている。

　浜田（2009）は，発達というのは，素朴にいえば新たな力を身につけていくことである。そして身につけた力は，本来，たったいま生きている自らの生活世界のなかで使うものであって，将来のために貯めておくものではないと述べている。小学校での生活に困らないようにするために，幼児期があるのではない。子どもが幼児期に主体的に遊ぶことによって，今の生活で必要なことを獲得し，それが「結果として」つながっていくのではないだろうか。また，幼稚園と保育園での育ちの違いが，その後の子どもの様子にそこまで違いを生むことが，本当あるのだろうか。幼稚園，保育園にかかわらず，5歳児の多くは，小学校に行くことを心待ちにしている。小学校の新しい生活に早く適応させることだけが，教育ではないであろう。

（山名）

V-3　延滞模倣：おままごとを楽しむには

　おままごとを友だちと楽しめるようになるためには，さまざまな認知能力がかかわってくる。たとえば「お母さんごっこ」を4歳の子どもたちが始めるとしよう。まず，誰が何の役をするか，子どもたちは決める。「お姉さん」「お母さん」「お父さん」「ねこ」など役割を考える。そして本当に「お姉さんらしく」「お母さんらしく」「お父さんらしく」「ねこらしく」演じわける。このように，自分が考えているお姉さんがどのような行為をおこなっていたのかを思い出し，目の前に「お姉さん」がいなくてもその行為を模倣することがある。このような模倣のことを延滞模倣という。

　おままごともいろいろな場面があるが，その多くは「おうち」であり，その「おうち」には「台所」があり，「ねこ」がいる。その「台所」で「お母さん」が料理をする。たとえば，その「台所」が砂場の片隅であったとき，実際のご飯をイメージしながらおもちゃのお茶碗に砂を入れる。この砂はその「家族」にとっては「ご飯」であり，「ご飯はこういうもの」，というイメージがある（図V-1）。実際のご飯を象徴（symbol）しているものが「砂」であり，たとえばご飯のにおいや白い粒などのイメージが「表象（representation）」である。そして物の見立てとは，図V-1にあるようにこれらの3つの機能がないとできない。おままごとでは，これらの3つの機能を共有しないと続かない。たとえば，ある家ではご飯をお茶碗に盛らないで，お皿に盛っているかもしれない。箸で食べるのではなく，ナイフとフォークで食べているかもしれない。家族そろってご飯を食べることが少ない家だってあるかもしれない。このような状況を飛び越えて，子どもたちはイメージをつなげながら，おままごと遊びを楽しんでいる。

　余談ではあるが，著者が幼児のときのおままごとでは「お母さん」役が主役であり「お母さんごっこ」と言っていたが，最近は「お姉さん」がそれにとって代わっている。そして，「ねこ」も必ずといっていいほど登場する。「ねこ」になった子どもは四つん這いになりながら歩くし，お皿に入った水を本当にペロペロと飲むことも多い。使う食器が昔よりきれいになったからなのかもしれない。

84

V-3　延滞模倣：おままごとを楽しむには

```
                        表象
                   （ご飯のイメージ）
                         △
物A＝意味するもの 象徴              物B＝意味されるもの 事物
   ＜シンボル＞      ←物の見立て→      ＜指示対象＞
   （たとえば砂）                     （実際のご飯）
```

図V-1　物を見立てるとは

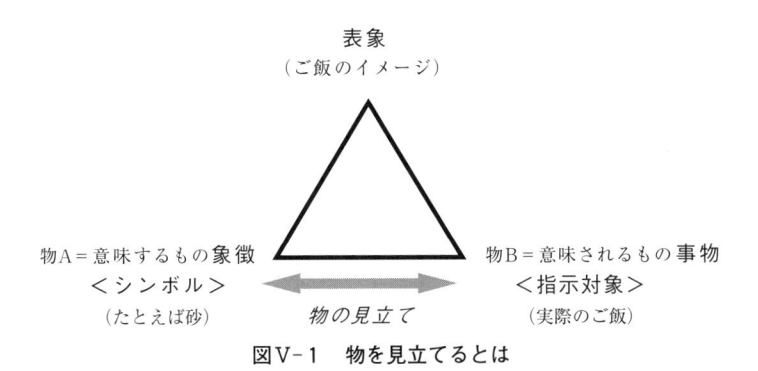

コラム　イメージの共有化

　幼児教育では，イメージを共有して友だちと遊ぶというように，「イメージの共有」ということがよく言われる。Ⅲ-1 でも述べたように，おままごとをしたり，「戦いごっこ」をしたりする場合でも，イメージを何らかのレベルで共有しないと友だちと遊ぶことは難しいかもしれない。しかし，このイメージの共有化は，一人ひとり異なる目に見えない表象を，ことばや雰囲気やさまざまなものを駆使しなければ伝わらない。そう考えると，年齢によって，イメージを共有している過程も違うかもしれない。

（山名）

V-4　自発的な遊びの中で育まれる数量の感覚

　私たちの生活に数量の理解はかかせない。たとえば，今日が何月何日か，財布にお金がいくら入っているか，料理をするときに必要な材料はどれぐらいか，すべて数量の理解が必要になってくる。多くの幼稚園でおこなわれているように，子どもたちは朝登園して，出席帳にシールを貼るということをする。それは，今日が「何月何日」という完全な理解でないにしろ，1ヶ月のカレンダーで「今日はどこなのか」を意識する一つの活動になっている。あるいは，お店屋さんごっこで売る商品に値段をつけるときに，それは実際の金額とは違っていても，大きなものや，その子どもにとって価値のあるものは，他のものに比べて「高い値段」がつけられるかもしれない。おままごと遊びをするときに，「なべ」や「フライパン」からあふれないように「やさい」を入れないといけないかもしれない。

　このような，経験や活動を通して獲得する数量に関する知識のことを，インフォーマル算数の知識（informal mathematic knowledge）という。この知識は，小学校で習うような数記号を使う正式で公式的な算数の知識である，フォーマル算数の知識（formal mathematic knowledge）とは区別される（丸山・無藤，1997）。インフォーマル算数の知識は，断片的で非体系であり，フォーマルな知識と矛盾することもある（Bruer, 1993/1997）。しかし，その後の学習において邪魔になるようなものではなく，このような豊かな経験が大人になってからの数量の理解のもとになる。また，幼稚園教育要領解説（文部科学省，2008）の「環境」の中でも，数量の感覚を豊かにするねらいとして，幼児の自発的な必要感や関心が重要であると述べられている（表V-1）。

　数量の感覚とは，早くから数字が書けることや足し算ができるようになることをさすのではない。また，大人が使っているような，数量概念をそのまま押しつけることでもない。その子どもが，日常の遊びの中で自然とものを比べあったり，数を数えたり，何かを配ったりすることで身につけられていく感覚のことを示す。それはしばしば，大人の数量概念とは矛盾するかもしれないが，日常生活の中での自然な経験が，幼児期では重要なのである。

V-4　自発的な遊びの中で育まれる数量の感覚

表V-1　幼稚園教育要領解説（文部科学省，2008）における数量の感覚に関する記述

　幼稚園教育要領では，幼稚園修了までに育つことが期待される心情，意欲，態度について，その内容やねらいを達成するために指導することがらを，5つの領域を発達の窓口として示している。その5領域とは，心身の健康に関する領域「健康」，人とのかかわりに関する領域「人間関係」，身近な環境とのかかわりに関する領域「環境」，ことばの獲得に関する領域「言葉」，および感性と表現に関する領域「表現」である。

身近な環境とのかかわりに関する領域「環境」
　周囲のさまざまな環境に好奇心や探求心をもってかかわり，それらを生活に取り入れていこうとする力を養う。
ねらい
（1）身近な環境に親しみ，自然と触れ合う中でさまざまな事象に興味や関心をもつ。
（2）身近な環境に自分からかかわり，発見を楽しんだり，考えたりし，それを生活に取り入れようとする。
（3）身近な事象を見たり，考えたり，扱ったりする中で，物の性質や数量，文字などに対する感覚を豊かにする。
内　容《内容は実際には11の項目に分かれているが，数量に関する記述について抜粋》
（8）日常生活の中で数量や図形などに関心をもつ。
　　　数量や図形についての知識だけを単に教えるのではなく，生活の中で幼児が必要を感じて数えたり，量を比べたり，さまざまな形を組み合わせて遊んだり，積み木やボールなどのさまざまな立体に触れたりするなど，多様な経験を積み重ねながら数量や図形などに関心をもつようにすることが大切である。

▶領域「環境」での「ねらい」と，その「ねらい」をより具体化させた「内容」のうち，数量に関する記述をとりあげている。

（山名）

V-5　遊びの中での数：子どもの時間の感覚

V-4 でも述べたように，幼児期の子どもたちは，日常生活の中で数量概念を獲得している。その一つには時間の感覚も含まれる。丸山（2008）は，保育園の年長児から小学3年生までの子どもを対象に，朝起きてから寝るまでにしていることを順番に話してもらい，そこで報告された行為を階層化し，分析している。その階層とは，個々の行為を羅列する「低階層化」，行為が活動に包括している「中階層化」，活動が出来事に包括されている「高階層化」である（表V-2）。その指標を用いて発達的変化を分析したところ，年齢が上がるにつれ，高階層化のものが多くなることが示された（ II-11 参照）。これは個々の事象の集まりではなく，時間の概念をある程度のまとまりで認識していく過程が，幼児期から児童期にかけて発達していくことを示唆している。

ところで，写真V-3は年長の男児が12月に作ったアンパンマン・カレンダーである。見てのとおり，12月は49日まで順に書かれているが，立派なカレンダーになっている。小学校に入学する前の子どもでも，数字を順に書くことはできるし，もしかするとクリスマスのある12月の方が気分的にも楽しく感じられるからこそ，少し長めに書かれているのかも知れない。

彼は卒園するときに，12月，1月，2月，4月のカレンダーを見せてくれた。「あれ？　3月のカレンダーは？」と聞くと，「僕の誕生日があるから，おうちにきちんともって帰ったの」と教えてくれた。ちょうどその日は幼稚園で3月生まれの誕生日会だったが，「今日は，幼稚園でのウソの誕生日。僕の本当の誕生日は，明日」と，「今日」を中心として，「昨日」や「明日」という概念も獲得している。これが年少児だと，「昨日」や「明日」の理解は難しいかも知れない。「明日は遠足だよ」というより，「1つ寝ると遠足だよ」の方が，子どもにとってはわかりやすいだろう。

時間の感覚は，1日の生活を見通すためにも，そして少し長期的な見通しをする上でも重要な役割を果たす。しかし，幼児期の子どもの時間の流れ方は，大人とは違うかもしれない。特に幼児にとって，大人が区切る生活の時間や時間割がどのような意味をもつのか，さらに考えなければいけないだろう。

V-5　遊びの中での数：子どもの時間の感覚

表V-2　各階層化レベルの例（丸山，2008より改編）

低階層化
　朝起きて，トイレに行って，で，着替える。それから，ごはん食べる。それでお母さんが用意するまで，一人で遊んでて，それで，お母さんがやることすんだら，一緒にお母さんと一緒にねぇ，保育園に来る。保育園に来て，早かったら，えーっとだいこん（年中組のクラス名）でいろいろ遊んで，それから先生が来たら，かぶら（年長組のクラス名）行って，遊んで，どっか行く日だったら，お散歩とかに，そん時は行って，で，帰って来たら，お昼ご飯。お昼ご飯たべてすんだら，最初はぱっちんごちそうさまして，口ふきタオルで口拭いて，それで，その口ふきタオルとイスを片付ける。……（以下，省略）

中階層化
　歯みがきして，お菓子食べて，テレビ見て，学校の準備して，朝ごはん食べて，学校行って，勉強して，給食食べて，掃除して，帰る。帰って，ゲームして，ご飯食べて，お風呂入って，歯みがきして，寝る。

高階層化
　朝ごはん食べて，歯みがきして，学校行って，その間はお勉強，それから学童保育に来て，遊んで，家に帰って，少しテレビ見て，ごはん食べて，お風呂入って，テレビ見て，学校の用意して，寝る。

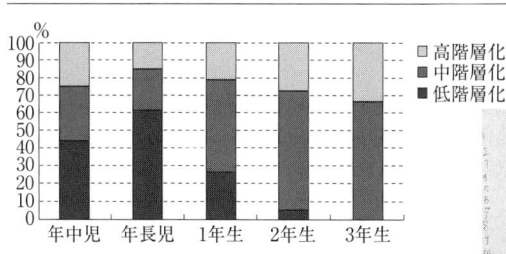

図V-2　各年齢群における各階層化
　　レベルの割合（丸山，2008）

写真V-3　アンパンマン・カレンダー

（山名）

V-6　ぼく，できる！　自己の発達と自己制御

　私たちは「自己」をどのように認識し始めるのだろうか。生まれて数ヶ月ほどたつと，子どもは身体的な感覚を通して「自己」を認識し始める。この時期の子どもを見ていると，自分の手をじっと眺めていたり，自分の身体をわざとつねったりするような動作がみられる。その後，木下（2008）がまとめているように，他者とのかかわりの中で自己に対する認識は変わっていく（表V-3）。この表にはそれだけではなく，心の理解（Ⅲ-4，Ⅲ-5参照）や時間的枠組みの中での変化も記述されている。

　また自己を表現する一つとして，個人の名前が挙げられる。名前とは不思議なもので，「ヤマナユウコ」という音が自分を示していることを，おそらく早い時期から獲得し始める。そして，「ユウコ」や「ユウコちゃん」「ヤマナ」「私」もすべて自分を示すことを理解していく。

　ところで，幼児期は，自己制御（self-control）が発達する時期ともいわれている。自己制御には，自己抑制と自己主張の2側面がある（柏木，1988：金子，2003より引用）。自己抑制とは，自分のしたいことを我慢したり抑えて，友だちの欲求を聞いたりすることを示す。一方，自己主張とは，自分がしたいことをはっきりいえる，自分はこんな風になりたい，と伝えることを示す。図V-3をみると，自己抑制の側面は女児の方が強く，自己主張に関してはそのような男女差はみられない。たしかに，幼稚園に赴くと，非常にしっかりした女の子が，「そんなことしちゃダメだよ」と友だちをたしなめる場面も多い。

　現在の日本の幼児教育では，自己制御というと，どうも前者の自己抑制の側面ばかりが強調されている感じである。自己抑制の側面も大切であるが，自分がしたいことをいえる自己主張の面も大切なのではないだろうか。友だちとのかかわりの中で，お互いが自己を発揮しながら，お互いを感じ，考えながらかかわることが幼児期の子どもの自己の特性でもあるといえるだろう。そのようなつながりの中で，他者を認めるということもできるのではないだろうか。

V-6　ぼく，できる！　自己の発達と自己制御

表V-3　乳幼児期における自己と「心の理解」の発達に関する仮説的モデル（木下, 2008）

	時期区分	I	II	III	IV	V	VI
	年齢	9ヶ月〜	1歳半〜	2歳〜	2歳半〜	4歳〜	5歳半〜
研究結果の概要	自己発達	意図をもつ行為主体としての自己	他者と異なる意図をもつ行為主体としての自己	思考や言語の主体として表象される自己	思考や言語の自律した主体として表象される自己	時間的に拡張された主体としての自己	独自の歴史をもつ時間的拡張自己
	心の理解	他者の意図を感知するが，自他の相違を理解しにくい	自他の意図・欲求の相違を理解　行為における意図理解	表象レベルでの自他視点の混乱	内なる他者を媒介した自他理解　事前意図の理解	誤った信念理解　時間的経過の中での自他理解	自他それぞれの歴史の相違を理解　再帰的な自己理解の開始
整理の観点	自他関係の展開レベル	行動レベル		表象レベル			
	時間的枠組み	無時間的世界	行動レベルでの時間的見通し	無視点的な時間的枠組み		視点性を有する時間的枠組み	
	自他関係基本構造	意図をもつ行為主体として　自他同型性→自他個別性		思考や言語の主体として　自他同型性→自他個別性		時間的に拡張された主体として　自他同型性→自他個別性	

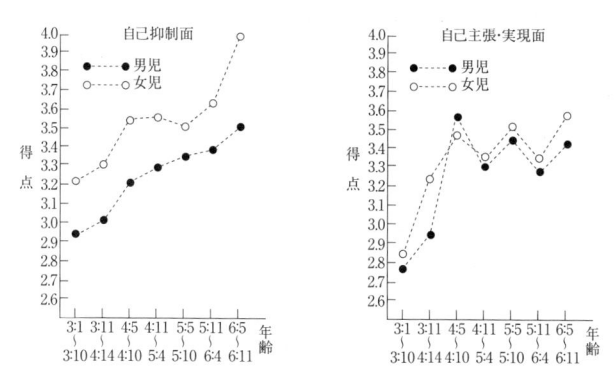

図V-3　自己制御機能の発達（柏木, 1988：金子, 2003より引用）

（山名）

V-7　早期教育の根拠は科学的か？

　子どもは生まれたときから大人と同じくらいの数の脳細胞をもっているといわれている。そして、その数多くの脳細胞と脳細胞の間に、意味のある神経回路を作っていくことが、認知発達を支えることであると考えられている。

　主として動物を対象にした最近の研究では、脳細胞間の連絡回路は発達段階の初期において急速に増加すること、経験が脳の発達に大きな影響を与えるためには敏感期があること、豊かな環境によって脳に意味のある好ましい連絡回路作りが進むことなどがわかってきている。したがって、発達の初期の段階で効果的な教育をおこなうべきだという考え方がさまざまなところで主張されるようである。「三つ子の魂、百まで」とか「鉄は熱いうちに打て」などの諺なども、早期の教育や能力開発が重要であることを示していると、とらえられる場合もある（II-11 参照）。

　ところが、脳科学の学術論文を詳細に読んでみると、前述の脳についての研究結果が、人間の脳の発達にも同じようにあてはまるかどうかには、大きな疑問がある（Blakemore & Frith, 2005参照）。少なくとも、誕生後の3年間で脳の発達がすべて決まってしまうかのような妄想（「3歳児神話」と呼ばれることもある）は、合理的な考え方としては受け入れることができない。

　妄想だとする根拠について、ひとつは、研究の多くが人間以外の種（サルやネコ、ネズミなど）を研究の対象にしていることが挙げられる。それだけでなく、人間の脳研究の多くが高次な認知機能についてではなく、主として視覚などの感覚器官に関するものに集中している。視知覚に関する脳の神経回路については、たしかに発達段階の早期に、かなりの部分の神経回路ができあがっていくようである。しかし、その機能についての発達的な研究は、残念ながら多くの研究がなされているとはいえない。

　高次な認知機能である言語機能をつかさどる部位は、脳の左半球の他の部分に位置している。また、自分がおこなう行為の計画や注意の選択などは、前頭葉のはたらきと関係が深いといわれている。これらの部位の脳細胞の連絡回路は、視知覚と比べると、発達的には長期におよぶことが知られている。

V-7　早期教育の根拠は科学的か？

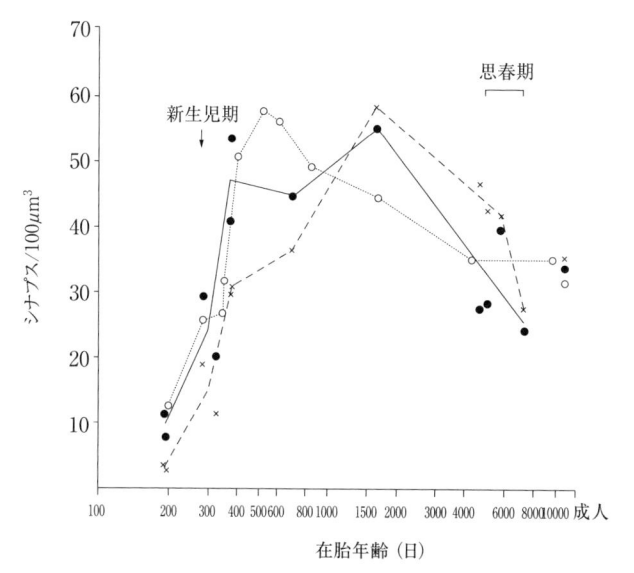

図V-4　シナプス形成の時間的推移

▶認知機能を支える神経回路は，生後まもない数ヶ月間のころに急激に形成なされることが知られている。その後，必要性の少ない神経回路が消失し，シナプス（神経活動にかかわる接合部位）の密度は徐々に減少する。図の中の○は視覚野，●は聴覚野，x は前頭前野のシナプスの密度を示している（Huttenlocher & Dabholkar, 1997 より）。

（井上）

V-8　幼児期に教えすぎないことの意義

　新聞の本来の用途以外の，新聞紙の使い方をできるだけ多く思いつくことというのは，簡単なようでなかなか難しい。たとえば，引っ越し用の箱の中に食器などを入れるときに衝撃吸収材として使用するとか，丸めてハエやゴキブリをたたくとか，習字の練習に使用するとか，いくつか思いつくかもしれない。この項目は，ある創造性検査と呼ばれるテストの中で実際に用いられているものである。

　人間のもつ賢さ（知性）には，知能検査では測定できないものも数多く含まれる。知能検査においては，ただ１つの正答を導き出すための思考力（収束的思考力）が重要だと考えられている。しかし，知識や経験を活用して多様な発想を生み出すような思考力（拡散的思考力）も存在する。これまで多くの心理学研究が，この拡散的思考が創造性と密接にかかわっていることを示している。

　小学校からの学校教育の現場では，ひとつの答えがあるような問題解決の場面で，できるだけ早くその答えを出すことが求められる。また，そのような行動が教育現場においては望ましい行動ととらえる。そして，子どもたちがそのような行動をとることができるように，必要な知識や技能を教えることがよいこととみなされている。場合によっては，それは他の子どもより早い時期におこなわれるのが望ましいと考えられることすらある。

　しかし，教師の側から子どもに，しっかりしたある方向性をもって教えこむことは，子どもに収束的思考を要求するものの，拡散的思考の機会を奪ってしまう可能性がある。拡散的思考の特徴としては，上に示すような，さまざまな項目をたくさん思いつく流暢性だけではなく，問題解決手段の複数の選択肢を同時に思いつく柔軟性，他の人たちが考えもしないようなことを思いつく独創性など，私たちが生きていくときに必要とする大切な能力が含まれている。

　小学校に入ると，収束的思考を必要とされる場面が増加することは明らかである。もしそうならば，少なくとも幼児期においては，教師が子どもに多くのことを教え込むのではなく，豊かな遊びの場面などで，子どもが自由な発想で行動きるような環境を整えていくことが重要であると思われる（V-1 参照）。

V-8　幼児期に教えすぎないことの意義

表V-3　トーランスの創造的思考テストで用いられた教示と課題例

教示：・誰もが思いつかないようなことを考えるように。
　　　・できるだけ多くのアイデアを思いつくように。
　　　・完全な形に近づけるために，詳細な情報を付け加えるように。

課題1：遊ぶときにもっと楽しくなるように，絵に示すぬいぐるみのウサギに工夫を加えなさい。

課題2：人間がウィンクしただけで好きなところに移動できるとしたら，その結果，どういうことが起こりうるのか，いくつか答えなさい。

課題3：下に示す不完全な図に線を描き加えて，その絵に名まえをつけ，どのようなものを描いたのか話を作りなさい。

課題4：下のひし形に細部の情報を書き加え，それぞれのひし形が絵の一部になるような多くの絵を描きなさい。

注：Torrance（1974）の創造的思考テストの一部の課題の文章を著者が訳出したもの。表の課題はいずれも，絵や図形を用いる非言語的なものになっているが，ある事物の普通でない使用方法をできるだけ多く答えさせるような言語的な課題も採用されている。

（井上）

応用編

VI 外界の認知と社会性の発達

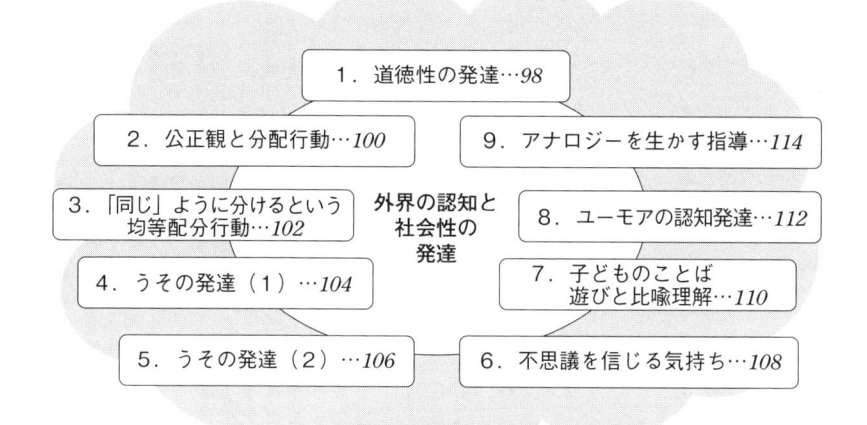

外界の認知と社会性の発達

1. 道徳性の発達…98
2. 公正観と分配行動…100
3. 「同じ」ように分けるという均等配分行動…102
4. うその発達（1）…104
5. うその発達（2）…106
6. 不思議を信じる気持ち…108
7. 子どものことば遊びと比喩理解…110
8. ユーモアの認知発達…112
9. アナロジーを生かす指導…114

　子どもは，自分の周りの世界をどのようにとらえているのでしょうか。「社会化」とは，子どもがある社会に属し，その社会で適応的に生きていけるように，そこでのルールを認識し，その社会で適切だと思われる行動様式を身につけていくことを意味しています。子ども特有の認知や，一見おかしな行動も，この章を読むと理解できるかもしれません。

VI-1 道徳性の発達

　私たちは，社会の一般的な慣習や規則を自分なりに身につけて生活している。日本の社会では，一般的に赤信号では車も人も止まる，遅刻をしない，部屋の中では帽子を脱ぐ，嘘をつかない，年長者を敬う，年下には優しくするなど，多くの人が共通してもっていると思われる道徳的価値を身につけている。しかし，道徳的価値とは本当のところ，どういうものなのだろうか？

　ピアジェは，物質的損失の結果から善悪を判断する客観的責任概念（結果論）と，意図や動機から善悪を判断する主観的責任概念（動機論）の関係から道徳性の発達を示している（芝﨑，2010）。たとえば，図VI-1のように遊ぼうとしてインクを少量こぼした場合（Ⅰ：動機論でより悪い方）と，インクが空になっていたから入れようとして大量にこぼした場合（Ⅱ：結果論でより悪い方）ではどちらが悪いと思うだろうか？　年齢が上がるにつれて，特に10歳前後に，動機論で判断する子どもが増えてくるのである。

　それに対してコールバーグは，善悪の判断より，道徳的葛藤を解決するための判断について6段階の発達過程を示した（図VI-2：鈴木，2010より引用）。良い悪いではなく，どのように考え，判断したのかということが問題となるのである。デーモンは，コールバーグの段階0に分類される子どもたちでも，報酬分配に関するジレンマ問題（VI-2 参照）から，公正概念を発達させていることを明らかにしている（芝﨑，2010）。

　また荒木（2002）は，認知発達，道徳性の発達，役割取得能力の関係を図VI-3のように構造化している。自己中心性（I-4）や心の理論課題の獲得（Ⅲ-4 参照）とも関連するが，子どもの認知能力の発達と道徳性の発達は別のものではない。つまり，年少児には年少児の，年長児には年長児の思考過程がある。

　大人になるにつれて，道徳的判断にはさまざまな矛盾をはらんでいることを理解していく。たとえば，赤信号では止まるが，暴走してきた車がいたら，それを避けるために渡らざるを得ないことがあるかもしれない。嘘をつくのは悪いことかも知れないが，嘘も方便かもしれない。さまざまな状況や矛盾に対応した柔軟的な判断ができることも，重要なのかもしれない。

VI-1　道徳性の発達

図VI-1　ピアジェの道徳判断課題の例（芝﨑, 2010より引用）

I. 前慣習的水準	
段階1 (罰と従順志向)	他者からほめられることがよいことで、罰せられることが悪いことであると判断する。
段階2 (道具的相対主義志向)	自己や他者の要求や利益を満たすおこないこそが、よいおこないであると判断する。
II. 慣習的水準	
段階3 (よい子志向)	家族、教師、仲間といった周囲の他者との対人関係を重視し、他者に認められるおこないがよいおこないであると判断する。
段階4 (法と秩序志向)	社会的秩序を維持することを重視し、社会や集団の利益に貢献するおこないがよいおこないであると判断する。
III. 慣習以降の水準	
段階5 (社会的契約と法律尊重)	権利の意味を正しくとらえ、法律が集団の同意によって変更可能なものとみなす。
段階6 (普遍的倫理原則への志向)	既存の法律よりも、人間の相互信頼と自らの正義と公正の倫理原則にしたがった判断をする。

図VI-2　コールバーグによる道徳性の発達段階（鈴木, 2010より引用）

年齢	認知能力	道徳性の発達 水準	段階	役割取得能力
大人 高校生	形式的操作	III 慣習以降の自律的、原理的原則水準	六 普遍的、原理的原則 五 社会契約、法律の尊重	社会、慣習システム
中学生		II 慣習的水準	四 法と秩序の維持 三 他者への同調、良い子志向	相互的
小学生	具体的操作 (可逆的)	I 前慣習的水準	二 道具的互恵、快楽主義 一 罰回避、従順志向	自己内省的 主観的
	前概念的操作		〇 自己欲求希求志向	自己中心的

図VI-3　道徳性の発達と構造（荒木, 2002より引用）

(山名)

VI-2 公正観と分配行動

　ある保育園でのおひな祭りの日，その日のおやつは「あられ」だった。4，5人のグループになって待っていると，保育者が各グループに1つの大きなお皿に「あられ」を入れながら，「みんなで仲良く分けて食べてね」と言った。5歳児クラスの子どもたちは，グループごとにいろいろ考えている。「1つずつ入れていくといいかな？」「もう少し多くしても分けられるかな？」「ジュースみたいに入れて（高さを）比べてみようか？」。どこのグループも「同じように分ける」ために，一所懸命考えながら「あられ」を眺めていた。このような「同じように分ける」という均等配分は，人類の長い歴史の中でも必要なことだっただろう。仲間と協力して獲物を捕った後，どのように分けるのか，みんなが納得して「公平に・公正に」分けることが重要であったと考えられる。

　道徳性の発達の中で取り上げられる分配行動[1]は，道徳観と関係があるといわれている（Damon, 1971；渡辺, 1992；VI-1 参照）。自分により多く分ける「利己分配」，みんな同じように分ける「平等分配（均等分配）」，貢献度に応じて分ける「公平分配」など，「どうしてそのように分けたのか」という理由づけから分配する人の道徳観を明らかにする研究である。渡辺はデーモンの研究をうけ，表VI-1のような公正概念の発達段階を示している。

　津々（2010）は5歳児に対して図VI-4の物語を提示し，報酬量の違いが分配行動や分配理由に影響するのではないかということを分析した。その結果，総報酬が少ない条件では平等分配が多いのに対し，多い条件では平等以外の分配方略が選択されていた。つまり，総報酬量の違いによって分配方略を変えることになり，その分配の理由も多様なものになっている。

　津々の研究や，被配分者の努力要因から幼児の分配行動を分析している最近の研究（越中・前田, 2004）では，さまざまな状況や要因で幼児の分配行動が変化する，という視点から分配行動と道徳的公正観の問題が検討されている。

1　利益が派生する場合は「分配」を，そうではない場合を「配分」とする。

Ⅵ-2 公正観と分配行動

表Ⅵ-1　デーモンの公正概念の発達段階（渡辺，1992より引用）

段階	概要
0-A	行動を起こしたいという欲求から選択。理由を正当化しようという意図はなく，ただ，欲求を主張することのみ（例：それを使いたいから得たい）。
0-B	いぜん，欲求中心だが，外見的特徴や性などに基づいて理由づけするようになる（例：女の子だからいちばんたくさん欲しい）。目的は変わりやすく，自分を有利にする傾向がある。
1-A	厳密な平等性の概念からなる（例：みんな同じだけもらうべき）。平等はけんかや葛藤を避けるものとして考えられる。一方的な柔軟性にかける。
1-B	行動の互恵的概念からなる。人は善・悪に関してお返しを受けるべきだと考える。メリットや功績の概念が現れるが，まだ一方的で柔軟性にかける。
2-A	さまざまな人が存在しているが，人間的価値は等しいということが理解されている。ただ，選択理由は主張（競争）を避け，量的に妥協しようとする（例：彼はいちばん多く，彼女は少し）。
2-B	互恵，平等，公平の真の意味を考える。さまざまな人の主張や状況の特殊性を理解する。したがって，場面により判断理由は変わる。基本的にはだれもが当然，分け前をもらうべきだという考え方。

図Ⅵ-4　津々（2010）で用いられた「総作業量16個物語」の例
▶黒の四切画用紙に，彩色された登場人物の絵と黄色い折り紙の星が貼付されている。これは，「もうすぐ七夕なので，笹に飾る星を2名の登場人物がそれぞれ作った」という内容の物語とともに提示され，それぞれの登場人物がどれだけ星を作ったのかを示すものである。

（山名）

VI-3　「同じ」ように分けるという均等配分行動

　分配・配分行動の研究には，VI-2で述べたような道徳性の発達に関する研究と，わり算のインフォーマル算数知識（informal mathematical knowledge）としての均等配分行動に関する研究がある。たとえば，12枚のクッキーを3体の人形に分けていくときに，「12枚のクッキーがなくなるまで分ける」「1つつではなく2つずつでも分けられる」「4枚ずつ分けていくと同じ」など「数」に着目した研究もある（Squir & Bryant, 2002；山名2005）。結果的に，1体の人形に4枚ずつクッキーが分けられていても，その配分過程はさまざまであり年齢によっても違いがある。あるいは，4枚のクッキーを2体の人形に分ける場合と，20枚のクッキーを4体の人形に分ける場合でも配分過程は違ってくるだろう（各課題での正答者数は図VI-5を参照）。

　スクゥイアーとブライアント（Squir & Bryant, 2002）は，わり算の正しい表象について5～7歳の子どもたちの反応を検討した結果，受取者の数だけ箱を提示して，その中にキャンディに見立てたブロックが置かれた場合（除数によるグルーピング条件）では，子どもたちは正確に配分についての判断ができることが示された。しかし，提示される箱の数が配分される対象物の数と等しい場合（商によるグルーピング条件）は，子どもたちの判断には，より多くの間違いがみられた。これは，わり算に対する子どもたちの理解の本質が違うからである，と結論づけている（Squir & Bryant, 2002）。

　均等配分行動とわり算の関係について，ブライアントとニューネス（Bryant & Nunes, 2002）は，子どもたちは分けることの経験やそこから得られた知識を基にしてわり算の初歩的な問題は理解されるが，除数，商，被除数の関係はより後に学習されると指摘している。しかし，分けることは実際にできているが，分けることや割ることによって，同じ量にしたかどうかをどのように考えているのかが問題であると指摘している（Bryant & Nunes, 2002）。

　配分行動の研究でも，道徳性や算数教育の観点から多様な見方ができる。さらには，分けられるけど分けたくない気持ちや，状況に依存した配分行動など，子どもの思考に寄り添って考えることも大切なのではないだろうか。

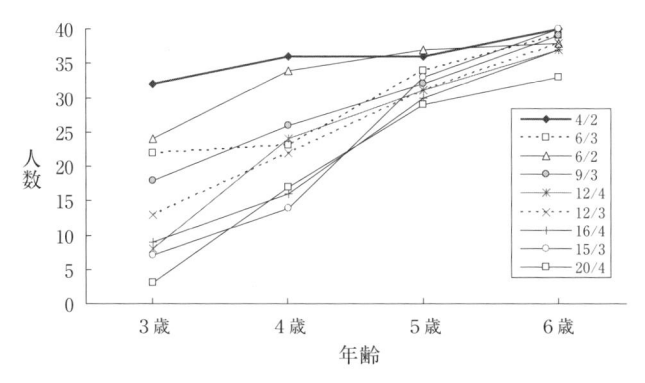

Ⅵ-3 「同じ」ように分けるという均等配分行動

図Ⅵ-5 幼児の均等配分行動の正答者数（山名,2005）

■図の4/2は，4個のチップを2枚の皿に配分する課題を示している。3, 4歳では，課題による正答者数のばらつきが大きいのに対し，6歳になる頃には，どのような課題にも正答することが明らかになった。

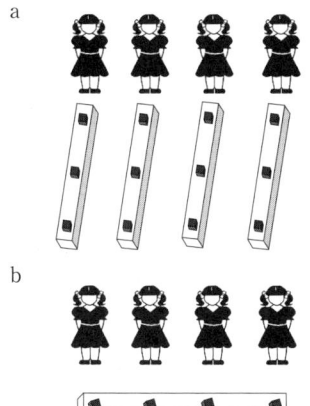

a

b

図Ⅵ-6 Squire & Bryant（2002）で用いられた実験事態

▶12個のキャンディを4体の人形に分けるという課題において，上段aは除数によるグルーピング条件（Grouping-by-Divisor condition），下段bは，商によるグルーピング条件（Grouping-by-Quotient condition）を設定している。

（山名）

Ⅵ-4　うその発達（1）

　「うそ」とは，単純化すれば事実と違うことをいうことである。この定義では，うそは幼児期から見られ，「記憶の発達の不十分さ」や「自分の願望と現実の混同」が原因で生じる（立元，2004 b）。たとえば，乗り物が好きな幼児がロボットで遊んでいるときに，友達が飛行機のおもちゃをもってきて遊び始めたとする。その後，最初にどのおもちゃで遊んでいたかを尋ねると，過去を忘れて，印象の強い飛行機のおもちゃで遊んでいたと答えてしまうことがある。上記の定義では，このようにわざと事実と違うことを言ったわけではなくても，うそをついたことになってしまう。

　真のうそと呼ぶものは，もう少し複雑になる。すなわち，①発言が事実と違うだけなく，②発言が事実と違うことを話し手は知っているが，聞き手は知らないと思っていて，③聞き手に「発言は事実だ」と信じさせたい意図があるという3つがそろう必要がある（Astington, 1993）。このような意味でのうそがつけるためには，相手が「何を知っていて，何を知らないのか」といった心の状態を把握できなければならない。したがって，「心の理論」が必要となるのである（Ⅲ-4 参照）。「心の理論」は，幼児期の4～5歳頃から大きく発達するため，意図的なうそや欺きといった行動も，4～5歳頃から見られるようになると考えられる。

　若い教師や親は，子どもが成長してうそをつき始めることを知ると衝撃を受けると思うが，このように，3歳頃までのうそは単なる記憶容量の不十分さによることも多い。また，意図的なうそをつくようになっても，問い詰めすぎると，ますますうそを重ねてしまい，追い込んでしまうことにもなりかねない。「逃げ道（言い訳）」の余地を残しながら，素直に心情を表出する機会を設けてあげることが重要であろう。

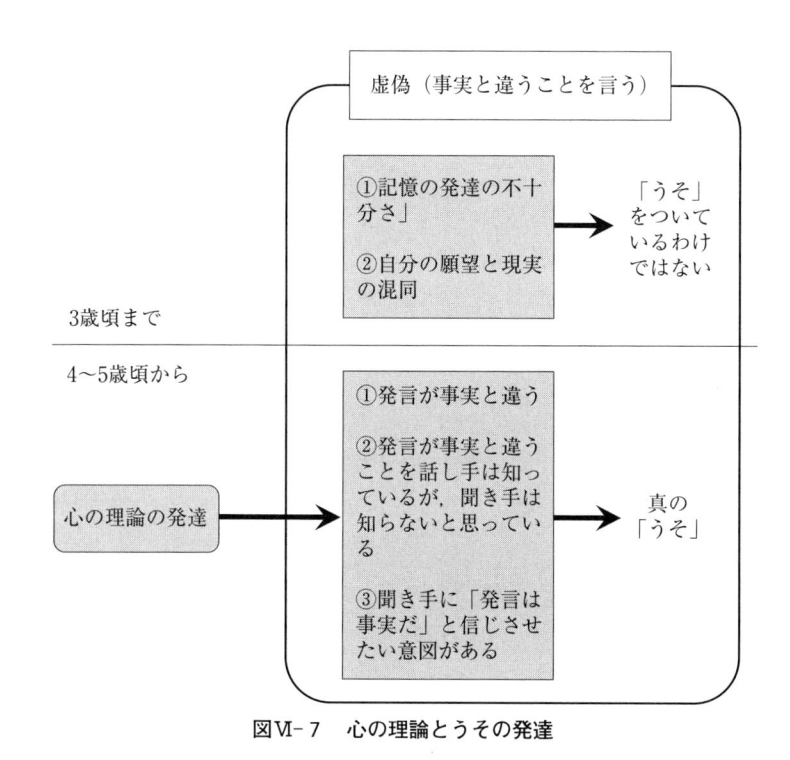

VI-4　うその発達（1）

図VI-7　心の理論とうその発達

3歳頃まで：虚偽（事実と違うことを言う）
- ①記憶の発達の不十分さ
- ②自分の願望と現実の混同

→「うそ」をついているわけではない

4〜5歳頃から：心の理論の発達
- ①発言が事実と違う
- ②発言が事実と違うことを話し手は知っているが，聞き手は知らないと思っている
- ③聞き手に「発言は事実だ」と信じさせたい意図がある

→真の「うそ」

■うその発達において，「心の理論」の発達は鍵を握ると考えられる。「心の理論」が十分に発達していない年齢では，相手が何を知っていて，何を知らないかに意識があまり向かないため，意図的なうそがつきにくかったり，明らかにバレるうそをついてしまう。

（林）

Ⅵ-5　うその発達（2）

　相手を欺くような意図的なうそがつけるためには，相手が「何を知っていて，何を知らないのか」といった心の状態を把握できなければならない。したがって，意図的なうそや欺きといった行動は，「心の理論」が発達する幼児期の4～5歳頃からみられるようになる（Ⅵ-4参照）。この時期には，他者の事実と違う発言を聞いて，うそか，それとも勘違いかを区別することもできるようになる。

　児童期に入っても心の発達は続き，それに応じて，より複雑で高度なこともできるようになっていく。入れ子構造をもつ二次の心の状態が理解できるようになり（Ⅲ-5参照），うそと冗談や，うそと皮肉のような微妙なニュアンスの区別もできるようになる。うそも冗談も皮肉も，すべて事実と違うことを言っているという点では同じである。しかし，児童期になると，他者の事実と違う発言を聞いて，うそか，それとも勘違いかを区別できるだけでなく，事実と違うことを言っていて，表面上は同じ発話でも，深い水準での心の状態を読み取ることで，うそと冗談や，うそと皮肉の区別もできるようになっていく（図Ⅵ-8，図Ⅵ-9参照）。

　さらに，日常生活では，たとえば魅力的でないプレゼントをもらった時でも，がっかりした表情を出さずに笑顔で応対すべき場合がある。このように相手の感情を傷つけないように社会的慣習にしたがって表情を示す方法を「社会的表示規則（social display rule）」と呼ぶ。社会的スキルともいえるこうした洗練されたうそや欺きも，心の理論の発達によって可能になるものといえよう。

　このように，うその発達は，相手を欺くようなネガティブな面だけでなく，相手を守る（相手の感情を傷つけない）ようなポジティブな面も含めて，進行していく。こうした過程を経て，大人の心に近づいていくのである。

Ⅵ-5　うその発達（2）

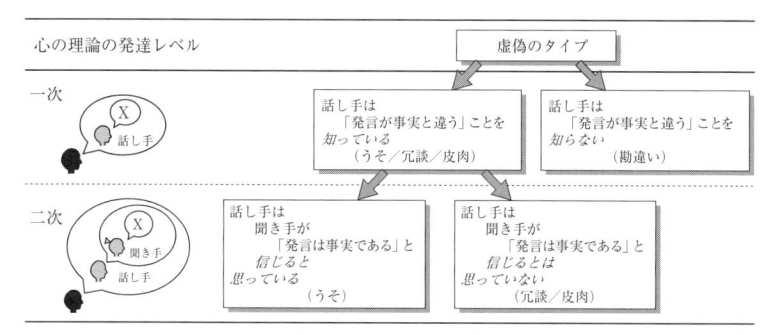

図Ⅵ-8　心の理論の発達と虚偽の理解のレベル（Leekam, 1991を改変）

■心の理論の発達により，虚偽を理解できるレベルが異なる。第1は，話し手の一次の心の状態の理解に基づいて，意図的な虚偽（うそ／冗談／皮肉）と意図的でない虚偽（勘違い）を区別するものである。第2は，聞き手についての話し手の二次の心の状態の理解に基づいて，意図的な虚偽を「うそ」と「冗談／皮肉」の2つに区別するものである。前者は幼児期，後者は児童期に可能になる。

図Ⅵ-9　うそと冗談の区別（林, 2002）

■うそと冗談を区別するには，聞き手（例：母親）についての話し手（例：男の子）の二次の心の状態（例：大そうじをした（部屋がきれいになった）と信じると思っている（信じて欲しい）／信じると思っていない（信じて欲しいわけでない））を理解できて可能になる。お話①がうそで，お話②が冗談である。

（林）

Ⅵ-6　不思議を信じる気持ち

　著者が幼稚園で教育実習をさせていただいたとき，ちょうど12月上旬ということもあり，赤いジャージ姿に白い綿のひげをたくわえ，赤い三角帽子をかぶり，プレゼントをいれた青いゴミ袋を背負った即席「サンタクロース」として子どもたちの前に出たことがあった。その幼稚園は2年保育だったので，4，5歳児しかいなかったのだが，誕生日会が終わった後に着替えてクラスに戻ったら，ある4歳の男の子が，「ねえ，さっきのサンタクロースって，本当は先生だよね？」とそっと聞いてきた。即席サンタクロースだったので，子どもたちはみんなわかっているだろうと思っていたのだが，「先生，だけど，先生じゃないのかな。サンタクロースじゃないけど，もしかしたら……？」という気持ちが子どもの中にはあるのかなと，子どもの認識の不思議さを感じた。
　富田（2008）は，8歳ぐらいまではサンタクロースの存在を信じるが，その後，多くの子どもがその存在を否定するようになると述べている。1日で世界中の子どもを廻ることは無理かななど，科学的な思考と，でも不思議を信じたい気持ちが複雑に絡み，認識を変化させていく。
　塚越（2007）は「しかけ箱（引き出しタイプの木箱で，内部が二重構造になっており，その上部のストッパーを操作することで，あらかじめ入れておいたモノが現れたり，消えたりするようになる」を使用して，「願いごとをすると，空の箱にモノが出てくる」という実験状況を設定した。最初は実験者と共にお願いをすると，空だった箱の中にアメが出てくるのだが，子どもが一人になってからの願いごと行動と，箱の仕組みやトリックを調べる行動を分析している（手続きや行動分類は表Ⅵ-2，Ⅵ-3を参照）。その結果，4歳では願いごと行動のみをする子どもが多いが，5，6歳では箱の仕組みを調べる行動もする子どもが増えていることが示された。つまり，単純に不思議な現象を信じるのではなく，なぜ起きるかを自分なりに調べる姿勢もみられるという。
　幼児期の子どもは，このように不思議な想像世界と現実世界の狭間をいったりきたりしながら，さまざまなことを考え，生活しているのかもしれない。

VI-6 不思議を信じる気持ち

表VI-2 実験の構成および内容

両条件ともに，子どもは実験者と一緒に部屋に入り，テーブルをはさんで向かい合わせに着席した。

【場面1】
実験者はテーブルの上に箱を置き，それを子どもに提示し，箱の引き出しを引き出して中が空であることを確認させた。「この箱の引き出しを閉じて，チョコレートが中にありますように（実験者が手を組んで願いごとのポーズをしてみせる）……ってお願いして箱を開けたら，チョコレートは箱の中にあるかな？ないかな？」とたずねた。子どもが返答した後に，「それはどうして？」と続けてたずねた。

【場面2】

〈非強調教示条件〉：実験者は子どもに「中には何も入ってないよね？いいかな？」と確認し，引き出しを閉じた。「この箱の中にあめを想像してみて。赤くて丸い形をした，イチゴの味がするおいしいあめだよ」と，あめを想像することを求めた。「箱の中に想像したあめが本物になりますように，こうやって手を握って（実験者が手を組んで願いごと行動のポーズをしてみせる）一所懸命お願いしてみて」と続けた。子どもが願いごと行動をした後に，箱の引き出しを開けて見せて，今度は中にあめがあらわれたところを示した。「ほら，想像したものが本物になったね」といってあめを見せた。

〈強調教示条件〉：実験者は子どもに「中には何も入ってないよね？いいかな？」と確認し，引き出しを閉じた。「この箱の中にあめを想像してみて，赤くて丸い形をした，イチゴの味がするおいしいあめだよ」と，あめを想像することを求めた。「箱の中に想像したあめが本物になりますように，こうやって手を握って（実験者が手を組んで願いごと行動のポーズをしてみせる）一所懸命お願いしてみて」と続けた。子どもが願いごと行動をした後に，箱の引き出しを実験者が開けて見せて，何も箱の中にはないことを示した。そのとき，「あれぇ，何もないね。○○ちゃんのお願いが足りないんだよ。もっともっと一所懸命一所懸命，本物になりますようにってお願いしてみて」といって，再び願いごと行動をすることを求めた。子どもが願いごと行動をしたことを確認した後に，箱の引き出しを開けて見せて，今度は中にあめがあらわれたところを示した。「ほら，○○ちゃんが一所懸命お願いしたから，想像したものが本物になったんだよ。本物のあめになったよ」といってあめを見せた。

【場面3】
実験者は子どもに，「おねえちゃん，忘れ物をとりにいってくるから，その間このお部屋で待っていてくれる？」とたずねた。子どもが待っていることを了承したら，「待っていてくれる間に，この箱を試したかったらやってみてもいいし，自由にしていていいよ。ちょっとの間待っていてね」と続け，退室した。子どもは2分間部屋に1人きりにされ，その間の行動もビデオカメラによって記録された。

【場面4】
2分後に実験者は部屋に戻り，子どもに「おりこうに待っていてくれてありがとう。えらいね」といった。「○○ちゃん，1人でいる間に何してたの？」とたずね，箱に触ってみたかや願いごとをしてみたかについてもたずねた。その後，願いごと行動をしたが何も出なかったといった子どもには「どうして本物にならなかったと思う？」「お姉ちゃんとお願いをしたときは，なんであめが本物になったんだと思う？」とたずねた。願いごと行動をしなかったといった子どもには「お姉ちゃんとお願いをしたときは，なんであめが本物になったんだと思う？」とたずねた。

表VI-3 行動の分類

行動カテゴリー		基準	内容
願いごと行動		箱に直接触れることなく，対象物を出現させようとする行為	眼をつむって手を組むか，手を組むこと(注)
箱に触る行動	①仕組みやトリックを調べる	変化が起きた対象（箱）の仕組みやトリックを調べようとする行為	箱の側面を触りながら見る 箱を持ち上げて裏面を見る 箱を揺する 箱を叩く 引き出しの中を覗き込んで触る
	②引き出しの開け閉め	対象物の確認のために箱の引き出しを開け閉めする行為	箱の引き出しを開け閉めする
行動なし		願いごと行動．箱に触る行動のいずれも示さない	願いごと行動．箱に触る行動のいずれも示さない

注 「出てきますように」などの言語化はあってもなくても願いごと行動とした。

(山名)

VI-7　子どものことば遊びと比喩理解

　ことばというものは，コミュニケーションのためにもちいられるものであるが，ときとして，ことばそれ自体に着目して，ことばを使用することがある。ことば遊びと呼ばれるものも，そのようなもののひとつと考えられる。子どもが言語獲得の途中で，しりとりや早口ことば，なぞなぞなどのことば遊びを，好んでやろうとすることにも，言語の音韻的な側面に注意を向けるという意味では，おおいに意義があると考えられる。

　著者は，ある聾学校の協力を得て，いわゆる聴覚障がいをもつ子どもたちを対象になぞなぞを解く力についての調査研究（井上，1999）をおこなった。そこでは，右の表に示すとおり，なぞなぞを4つのタイプに分け，聾学校に在籍する子どもたちには，どのようなタイプのなぞなぞが難しいのかを調査した。その4つのタイプとは，比喩理解が必要なもの（M型），同音異義語が用いられているもの（H型），音韻的なキーワードが用いられているもの（P型），そして，それ以外の文字どおりのことばの理解が必要なもの（L型）の合計24個のなぞなぞが用いられた。表の右側の数値は，一般の小学校での別の調査結果から，それぞれの個別のなぞなぞの正答率を示したものである。

　4つのタイプ別の正答率は，右の図に示すとおりである。図には，なぞなぞの答えをヒントなしで答える記述式と，4つの選択肢から答える選択式の両方の成績が示されている。耳からの聴覚的な情報が不十分な子どもたちの場合に，ことばの音韻的な側面が意識されにくいということが，小学校の低学年においてみられるものの，高学年になると，そのようなハンディキャップも多くの子どもたちで克服されていることが示唆された。

　おそらく，聾学校でなされていた（音声言語による）口話法の教育や指文字，キュードスピーチなどの使用により，言語の音韻的な側面にも注意が向けられるようになったものと考えることができる。比喩的な言語表現については，ここで示されている結果に関するかぎり，とくに聴覚に障がいがあることで，その理解が妨げられるということは示されなかった。

VI-7　子どものことば遊びと比喩理解

表VI-4　研究で使用された4つのタイプのなぞなぞの例と正答率（%）

タイプ「答え」	なぞなぞの問い	5年	2年	全体
M「こたつ」	ふとんをかぶって、まっかになる四本足なぁに？	62	40	51
M「さいころ」	転ぶたびに、目の数が変わるものなぁに？	67	26	46
M「たまねぎ」	服を脱がすと、人を泣かせてしまう食べ物なぁに？	64	26	45
H「はし」	川にかかっているものと同じ名まえで、ご飯を食べるときに使うものはなぁに？	88	74	81
H「はち」	1から10までのなかに針をもった虫がいるよ。なぁに？	93	43	68
H「ブランコ」	こいでもこいでも遠くに行けない乗り物なぁに？	14	19	17
P「てんとう虫」	点が五つでも十あるという虫はなぁに？	100	69	85
P「あくび」	くびはくびでも、口から出るくびはなぁに？	76	69	73
P「すいか」	畑でとれるいかは、どんないか？	55	19	37
L「すべり台」	足でのぼって、お尻でおりるものなぁに？	86	67	76
L「ガム」	かんでも飲みこまないおかしはなぁに？	57	74	65
L「わりばし」	食べる前は一本で、食べるとき二本になるものなぁに？	38	24	31

注：井上（1999）の表をもとに著者が改編。

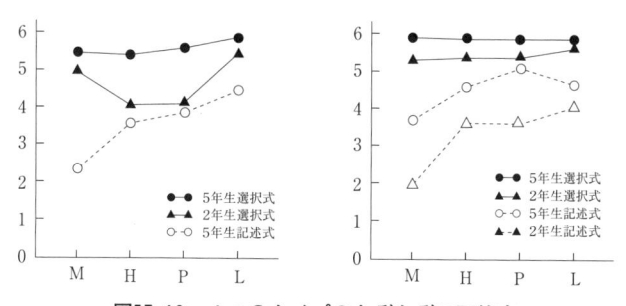

図VI-10　4つのタイプのなぞなぞの正答率

▶左側のパネルは聾学校児童のデータ、右側は健常児のデータ。聴覚に障がいのある子どもでは、低学年において、音韻的な類似性を意識することが難しいことがうかがえる。（井上，1999より）

（井上）

111

VI-8　ユーモアの認知発達

　幼児期には，友だちの行為を見て笑ったり，あるいは，自分が何かを言って笑ったりするような行動が，自由遊びの場面などで少なからず観察される。心理的に緊張から解き放たれた状態の中で，子どもが笑いを引き起こすようなことをしたり，言ったりすることを，おどけ・ふざけと呼ぶ。ある状況や場面で通常期待されるような真面目な行動ではなく，遊びの要素を多分に含んだ自発的な行動をさす（井上，1995）と考えられる。食べ物をおもちゃにして遊んだり，食事の時間に排せつに関することばを口にしたりすることは，このような行為の代表的なものと言える。

　平井・山田（1989）は，東京のある幼稚園で観察されたユーモアが感じられる事例を数多く紹介している。その中には，たとえば以下のようなものがある。

　　男児二人が，ブロックで遊んでいたが，その遊びに飽きて他の遊びをしたくなった。しかし，片付けるのが面倒なので，ちょうどその場にやってきた女児たちに片づけを頼む。二人で正座して手をすり合わせ，女児たちに向かって「神様，お願いでござんす」と言って頭を下げ，微笑しながら繰り返す。そして，女児たちが去ってしまったのに気づくと，「あっ，神様がいない」と言う。

　ここでは，男児二人は，お願いしようとしている相手である女児たちが，ほんとうは神様ではないということを認識しながら，「神様」と呼びかけている。さらに，合掌して頭を下げる，という神様に対する慣習的な行為をおこなっている。McGhee（1979）のユーモアの認知発達に関する理論によると，正しい名前を知りながら異なる名称で呼ぶ行為は，右の表のように第2段階でみられる行為であると考えられる。さらに，神様ではない女児に対して合掌する行為は，第3段階の概念的不適合性を示す行為であると考えられる。

　すなわち，言語と認知の能力が十分に発達して，さらに心理的な余裕と遊びや創造性の要素が備わったときに，冗談などのユーモアが感じられる行動がみられることになる。おとなの場合は，ことばの多義性に基づく冗談を表出することが多いが，そこに至るまでに複数の段階があると考えられている。

Ⅵ-8 ユーモアの認知発達

表Ⅵ-5 ユーモアの認知発達に関する4段階

ユーモアの発達段階	年齢	子どもの具体的な行為の例
〈第1段階〉対象に対する不適合な行為	1歳3ヵ月	・飾りが彼女の枕を思い出させるような一枚の布切れを見つけた。彼女は右手にその布を折りたたんだものを持ち、親指をしゃぶり、身体を横にして寝そべり、ゲラゲラ笑った。目は開いたままだが、目を閉じていることを人に示すように、時おり瞬きをした。
〈第2段階〉対称な事象に対する不適合なラベルづけ	2歳3ヵ月	・（大きなデコボコのある石を指さして）「犬だよ」。（「頭はどこ？」という質問に対して、その石のコブのなった部分を示して）「あそこ」。（「じゃ、目は？」と言う質問に対して）「無くなっちゃった。」
	2歳	・ボールを「りんご」や「かぼちゃ」と言って喜ぶ。
〈第3段階〉概念的不適合性	3歳	・ボールが蹴られたときに「痛い」と言って喜ぶ。
	4，5歳	・四角いタイヤのついた自転車の絵を見て笑う。 ・木の枝に座っているゾウの絵を見て笑う。
〈第4段階〉意味の多重性	7歳（以上）	・以下のAとBのどちらの応答が面白いかを尋ねられて正解できる。（「どうして薬箱の前をつま先立ちで歩いたのかな？」という質問に） A：「グラスを落として割ったから、ケガしないように。」 B：「眠っている飲み薬を起こさないために。」

注：McGhee（1979）から著者が訳出して表を作成。

（井上）

VI-9　アナロジーを生かす指導

　目標に到達する手段や方法を見出すことを，心理学では「問題解決（problem solving）」という。問題解決では当該領域の知識が必要になるが，私たちはあらゆる領域に通じているわけではない（Ⅳ-4 参照）。しかし，知識が不足しているため十分な理解が得られない対象であっても，類似している既知の領域の対象の知識に基づいて理解できることがある。たとえば，電気回路における電流と電圧の関係がわからない場合に，水路を流れる水の流れとその位置の高低差に置き換えて考えると，水の流れはふだんの生活で見聞きして知っているため，急速に理解が進むことであろう（井上，2007）。このような推論を「アナロジー（類推；analogy）」という。

　アナロジーにはいくつかのレベルがあり，最も単純には，形や色などの見かけが似ている「表面的類似性」（例：赤いリンゴと赤いボールが似ていると判断する水準）と，背後の関係や構造が似ている「関係や構造の類似性」（例：「人が家に帰る」と「鳥が巣に戻る」を似ていると判断する水準）に分けられる。

　問題解決にあたっては，関係や構造の類似性こそが鍵を握るが，見かけが似ておらず表面的類似性が低い場合に，子どもが関係や構造の類似性を認識することは難しい。これは，ピアジェの発達段階で，見かけに左右されやすい時期（前操作期）があることからもわかるだろう（Ⅱ-5 参照）。しかし，逆にいえば，関係や構造の類似性が必要とされる場合でも，表面的類似性に頼れる状況であれば，幼い時期からでも理解しやすい（図Ⅵ-11）。それゆえ，幼児や児童には，できるだけ表面的類似性にも頼れるアナロジーを使って説明するように心がけるとよいであろう。それには，人の行動や特徴に喩えて表現する「擬人化」も有効かもしれない。

　ただし，アナロジーや比喩が有効であるからといって，何でも喩えて教えれば良いわけではない。教師と子どもでは，知識の量はもちろん，その質も違うため，教師が意図したものとは違う点に子どもが類似性を見出し，誤解が生まれることも考えられる。まずは，年少では表面的類似性に左右されやすく，関係や構造の類似性は理解しにくいということを押さえることが重要である。

Ⅵ-9　アナロジーを生かす指導

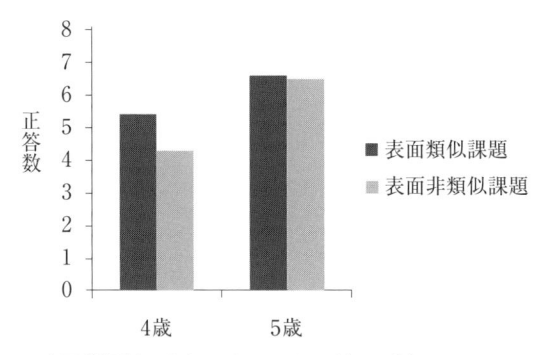

図Ⅵ-11　表面的類似の有無によるアナロジーの例 （細野，2006より引用）

▶子どもに，標準刺激（例：お父さんは家へ帰りました）を提示した後，2つの選択肢（類似選択肢と非類似選択肢）から標準刺激に似たお話しはどちらかを選ばせると，4歳児では，表面類似課題よりも表面非類似課題で成績が悪かった。二択問題であるので，適当に選んでも50％の確率（8問中4問）で正答になる。実際に4歳での表面非類似課題では50％程度の確率（正答数4）に過ぎなかったが，表面類似課題では明確に（統計的に）50％を超えていたことから，関係や構造の類似性が必要とされる状況でも，表面的類似性に頼れる状況であれば，幼い時期からでも理解しやすいことがわかる。

(林)

応用編

VII 子どもの行動と適切な援助

1. 仲間に入れて：
   それぞれの思いを受け止める…118
2. 場面に適切な自然な
   発話ができること…120
3. やる気を
   生み出す指導…122
4. 不適応も
   学習されたもの？…124

子どもの行動と
適切な援助

5. 動機づけ…126
6. 大人の見方で
   子どもは変わる…128
7. ぼく踊れない！：メタ認知の
   発達とそれをふまえた教育…130

　子ども時代を経験していない大人はいないはずなのですが，子どもの立場に立って子どもの行動の意味を読みとることは，じつに難しいことです。仮に同じ一つの行動ができるようになったとしても，誰かに強制されてしたのと，自ら自発的にしたのとでは，その意味するところは大きく異なります。どのようにすれば，子どもが納得できるような支援ができるかを一緒に考えてみませんか。

子どもの行動と適切な援助

Ⅶ-1　仲間に入れて：それぞれの思いを受け止める

　ある年中さんの女の子が兄と遊んでいた。兄も同じ幼稚園の年長さんなのだが，2人はとても仲が良く，写真Ⅶ-1のように技巧台や積木を組み合わせて遊んでいる。そこに妹と同じ年中クラスの男の子が，「僕も仲間に入れて」とやってきた。兄はすかさず「ダメ，入れない」。その男の子が「どうして？ 仲間に入れてって言っているのに」と，なおも一緒に遊びたいと訴えていると，兄は「いつもカナ（妹の名前）をいじめているから絶対に入れない」と，大きくたちはだかった。するとカナも「そうだよ，サトシくん（年中の男の子）は，いつもカナをいじめているからダメだよ。昨日だって，カナをいじめたし，その前もいじめたでしょ。」と今にも泣き出しそうだった。するとサトシは「でも今日はまだいじめてないよ」と，こちらも負けじと訴えている。

　その様子を側で見ていた年中さんの担任の先生が，「そうだよね，いつもカナちゃんのこと，いじめているもんね」と切り出した。兄も「そうだよ，いつもカナをいじめているんだ」「いじめられるよ，カナ」。「そうだよね。でもサトシくんは，今日もカナちゃん，いじめた？」と2人に聞く。「まだ……いじめてないけど。でもいつもいじめるもん」。サトシは「まだ，今日はいじめてないよ。だから入れて」と。先生は「サトシくん，でもいじめられたことって，いじめられたカナちゃんはずっと覚えているんだよ。だから，今日もいじめたらだめなんだよ」と包み込むような優しい口調でサトシに話していた。

　幼稚園では，友だちが遊んでいて自分も入るときは「仲間に入れて」と言わないとダメ，とか，「仲間に入れて」と言われたら仲間に入れてあげる，という暗黙のルールがある。今遊んでいる友だちだけで遊びたいかもしれないし，「仲間に入れて」と言わなくて，自然に遊びに参加する子どももいる。このような仲間意識やきょうだいへの思いは，日常の遊びの中で育まれている。その発達過程はさまざまなのかも知れない。

　保育者の先生は「みんなの言い分は，もっともなんですよね。みんなそれぞれの思いがあるもんね」と，少し離れたところで遊びを見守っていた。当の本人たちは，あれだけ言い合っていたにもかかわらず，楽しそうに遊んでいた。

118

Ⅶ-1　仲間に入れて：それぞれの思いを受け止める

写真Ⅶ-1　仲間に入れて

コラム　仲間って誰？　友だちって誰？
　大人が子どもの遊びをみるとき，誰かと一緒にいるところをみると，「友だちと遊んでいる」とみえるかもしれないが，子どもにとっての「仲間」や「友だち」とは，どういう他者のことをさすのだろうか？　一緒に遊びたい「仲間」という感覚はいつ頃から芽生えてくるのだろうか？　もしかすると，年少児や年中児にとっては，「いつも近くにいるけど誰だろう？」という思いで，「友だち」のことをみている子どももいるかもしれない。その思いをどのように受け止めて，保育に活かしたりすることも，発達を理解するうえでは重要なことだろう。

（山名）

Ⅶ-2　場面に適切な自然な発話ができること

　語用論とは，コミュニケーションにおける言語表現や，その言語表現をもちいる使用者，さらに言語表現とそれが使用される文脈との関係などを研究する研究分野をさす。ことばが交わされる文脈や状況を重視して，ことばの使用や言語運用の問題を研究する方法を語用論的アプローチという（井上，2009）。ことばの意味がわかっていて，文法が理解できているだけでは，実際にことばを使用することはできない。ことばの使用は，辞書的な定義や正しい文法の知識のみで運用されているのではない。実際の社会でどのようにことばが使用され，それがどのような効果をもつのかということに着眼することが大切である。それぞれの場面で適切な自然な発話をするためには，社会のさまざまなルール，話し手や聞き手がもつ常識，聞き手の反応を即座に察知する能力などを備えている必要がある。

　著者は生後6ヶ月から10回にわたって縦断的な調査をした61名の3歳児を対象にして，「動物園おいしかった？」という奇妙な質問をするという実験をしたことがある。その対話のようすは右のページに示すとおりである。その61名の子どもたちのうち，その奇妙な質問に対して，「おいしくなかった」などの否定的な反応をしたものは12名，逆に肯定的な反応をしたものは17名，無反応の子どもは14であった（井上，2002）。

　そもそも奇妙な質問には答えようがないので，肯定や否定の反応をしないという意味では，無反応という行動にも妥当性があるかもしれない。しかし，対話例2に示すように，奇妙な質問に対して，まともに答えるのではなく，自分の方から「どういう意味？」と質問したり，「動物園，食べられないよ」というコメントをしたり，幼児であっても，言語の約束事を自覚していることが明白なケースが8名認められた。

　間違ったことばの使用に関して，その言語運用や言語使用の規則性の観点から正しくないという評価をする，あるいは，そのことについて言語で説明できる能力をメタ言語能力と呼ぶことがある。このような感覚は，外国語学習においては，成人であってもなかなかは身につかないことが経験的に示されている。

Ⅶ-2　場面に適切な自然な発話ができること

≪対話例1：おとなの質問に合わせようとする子どもの発話≫
　3歳3ヶ月になる子どもが，保護者同伴で大学のテスト室に入り，面接者（著者）と数分間の自然な会話をした後，発達検査を受け，さらに，絵本を見ながらの会話など40分あまりのやりとりを終えた後で。
（1-1）面接者：あのね，動物園行ったことある？
（1-2）子どもA：うん。
（1-3）面接者：何がいたかな？
（1-4）子どもA：ゾウさんと，カバさんと，それからオットセイ。
（1-5）面接者：ゾウさんて，大きいね。
（1-6）子どもA：（うなずく）
（1-7）面接者：動物園，おいしかった？
（1-8）子どもA：うん。
（1-9）面接者：何がおいしかった？
（1-10）子どもA：ええとね，ええとね，（約10秒経過）アイスクリーム。

≪対話例2：おとなの奇妙な質問に気づいた子どもの発話≫
　対話例1と同じ月齢の子どもと面接者の会話。同様の手続きの場面で。
（2-1）面接者：あのね，動物園行ったことある？
（2-2）子どもB：行ったことあるよ。
（2-3）面接者：何がいたかな？
（2-4）子どもB：動物。ライオンこわいけど。
（2-5）面接者：ライオンて，こわいね。
（2-6）子どもB：こわかった。
（2-7）面接者：動物園，おいしかった？
（2-8）子どもB：うん？　何？

注：井上（2002）の対話例から著者が抜粋して改編。

（井上）

Ⅶ-3　やる気を生み出す指導

　子どものやる気を生み出し，学習を継続させるには，褒めると叱るのどちらがより効果的であろうか。次の2人の会話から考えてみよう。
　Aさん：「うちの子ね，前のテストであまりにも出来が悪かったので叱ったのよ。そうしたら，今度のテストで出来が良かったわ」
　Bさん：「ヘー，うちの子は逆よ。前のテストがとてもよかったので褒めたのよ。そうしたら，今度のテストで平凡な点……」
　Aさん：「やっぱり，子どもの教育は叱るに限るわね」
　こうした親どうしの会話のように，私たちは褒めた後には成績が悪くなり，叱った後には成績が良くなると，褒美よりも罰の方が教育的に効果的だと感じられてしまう。しかし，実力以上の成績をまぐれで得られたとしても長くは続かない。逆に，実力以下の成績だったとしても長くは続かない。いずれも平均に近づくことは「回帰効果」と呼ばれ，統計学でよく知られていることなのである。スポーツ選手で，1年目に大活躍した選手が，翌年は活躍できず「2年目のジンクス」と呼ばれるのも，この現象によって解釈される。
　松沢（2002）は，チンパンジーに物事を学習させる過程を通して，教授法の要点を3つにまとめている。第1は「直後のフィードバック」で，正しいことをしたときに「よくやった」とすぐに褒めることで，時間がたってからではダメである。第2は「安定した正誤の基準」で，同じことをやっているのに，ある日は褒められ，別の日は叱られると子どもはやる気を失う。第3は「正のフィードバック」で，これは「そうだ，すばらしい」と褒めたおすことである。
　学習理論的には，「褒める」と「叱る」のいずれでも学習は可能である（Ⅳ-2参照）。しかし，いつも褒めてくれる親や先生に対しては，子どもは好きになり，重要な存在になるが，叱る親や先生に対しては，その人がいないとホッとし，その存在を消したくなるかもしれない。近年，親殺しにおいて，「いつも叱られていた」という子どもの反応は多い。子どものやる気を生み出し，継続させるには，基本的には叱るより，「そうだ，素晴らしい」というように褒めを繰り返すことに重点を置いた方が効果的なのである。

VII-3　やる気を生み出す指導

直後のフィードバック

- 正しいことをしたときに「よくやった」とすぐに褒める
- 時間がたってから，「さっきのは良かったよ」では効果が弱まる

安定した正誤の基準

- 同じことをやっているのに，ある日は褒められ，別の日は叱られるとやる気を失う
- 基準がぶれないようすることが大切

正のフィードバック

- 「そうだ，すばらしい」と褒めてあげる
- 叱られるよりは，褒められて，学習活動を定着させる方が大切

図VII-1　学習の理論を踏まえた教授法の要点（松沢, 2002）

(林)

Ⅶ-4　不適応も学習されたもの？

　条件づけといった学習理論（Ⅳ-1，Ⅳ-2 参照）は，単に行動のメカニズムを明らかにするだけのものではない。学習理論を実践場面に適用することで有益な結果を生み出すことができる。「行動療法（behavior therapy）」は，この学習理論に基づいて，不適応な行動を変容あるいは除去し，適応的な行動を強化する方法である。すなわち，不適応も学習の産物と考え，適切な行動を新たに学習させることで問題を取り除くものである。

　具体的には，古典的条件づけは，恐怖症の発生メカニズムを検討するヒントになるだけなく，治療にも用いられている。たとえば，対人不安であれば，その不安が生じる強さをあらかじめ順位づけしておき，不安の低い段階（例：1人で部屋で寝ている）から始めて，徐々に不安の強い場面（例：異性の友達と食事をする）へと進んでいく。それぞれの場面をイメージしてもらいながら，段階的に順次不安を除去していくことで，患者は治療場面で強い不安を体験することなく最終的な目標（この例では対人不安の除去）を達成できる。これを「系統的脱感作法」という。

　精神遅滞児に生活習慣を身につけさせたり，自閉症児に社会的スキルを身につけてもらうときには，オペラント条件づけを適用できる。最初に単純な反応を求め，その反応をより複雑で洗練させたものにしていく。このようにスモール・ステップに分けて，達成が容易なものから順に形成していくことを「行動形成（シェイピング；shaping）と呼ぶ。行動形成を成功させるには，①目標行動を正確に明確化する，②既に達成できている行動を確認し，行動形成されるべきものを選択する，③大きすぎず小さすぎないサイズを設定する（『心理学辞典』），といった工夫が必要となる。行動形成は，スキナーが提唱した「プログラム学習」の基礎になり，教育心理学的にも重要な概念となっている。

　本人が行動をせず，モデルの行動を「観察学習」することによっても有効な場合がある。イヌを怖がる幼児に，パーティーで同年齢の幼児がイヌに接触し，その接触がだんだん濃密になっていく様子を観察させることで治療効果があったという報告もある（Bandula, 1967；高橋, 1994 b より引用）。

Ⅶ-4 不適応も学習されたもの？

表Ⅶ-1 対人不安階層表の例（田上，1984を改変）

大勢の人前で文字を書く	100
授業で黒板に文字を書く	90
異性の友達と食事をする	75
異性の友達と話す	65
同性の友達と食事をする	45
同性の友達と話す	30
両親と話す	10
１人で部屋で寝ている	0

数字はもっとも緊張する場面を100として，患者自身が評定する

■対人不安であれば，その不安が生じる強さをあらかじめ順位づけしておき，不安の低い段階（例：１人で部屋で寝ている）から始めて，徐々に不安の強い場面（例：異性の友達と食事をする）へと進んでいく。弱い刺激から強い刺激へと順に慣れていくことによって不安を解消させる方法である。

　実際におこなう場合（例：実際に異性の友達と食事をしてもらう）や，イメージ上で行う場合（例：異性の友達と食事をしている状況を思い浮かべてもらう）がある。最近では，コンピュータ上でのヴァーチャルリアリティによっておこなう方法も研究が進められている。たとえば，飛行機恐怖症の場合，治療のために何度も飛行機に乗るのはコストがかかりすぎる。また，心的外傷後ストレス障害（PTSD）などの場合，心的外傷となるような出来事は繰り返し体験して慣れるべきものではない。それゆえ，こうした場合にヴァーチャルリアリティの利用が重要になる（丹野・坂本・石垣，2009）

（林）

VII-5　動機づけ

　心理学では，「やる気」を生み出し行動を生じさせることを「動機づけ」と呼ぶ。これには大きく2つの方法がある。たとえば，英語の勉強をするときに，「テストで良い点を取ったらご褒美にお小遣いがもらえるから」というように，何らかのほかの欲求を満たすための手段としてある行動をとることが誘発されるものを「外発的動機づけ（extrinsic motivation）」という。これに対して，「英語が楽しいから」というように，何か他の報酬を得るための手段ではなく，それ自体を満たすことを目的とされた欲求を「内発的動機づけ（intrinsic motivation）」という。

　一般に，教育では学習者の内発的動機づけを高めることが強調される。外発的動機づけによって生まれた行動では，報酬がなくなると学習しなくなるためである。逆にいえば，内発的動機づけは，好奇心や向上心と関係し，学習行動が長続きするからである。しかし，「報酬によって行動する」ということも人間に備わっているのは事実であるし，重要な意義もある。どんなに優秀な人でも，得意な（関心のある）領域があれば，苦手な（関心のない）領域があるのがふつうである（ IV-4 参照）。関心もなく苦手な領域を学習するには，最初は外発的動機づけによって学習行動を生起させるというのも効果的であろう。優秀な子どもは，内発的動機づけと外発的動機づけをうまく親や教師から与えられ，自分でも切り替えられる者ともいえる。

　また，外発的動機づけの与え方には注意が必要である。学習者が内発的動機づけによって課題に取り組んでいるときに，報酬を与えるといった外発的動機づけを操作するようなことをすると，報酬のためにやっているかのように感じてしまい，高かった内発的動機づけが阻害されることもある。これを「アンダーマイニング現象」と呼ぶ。

　内発的動機づけを育むには，自己選択の機会を与えることが効果的である。たとえば，漢字の勉強をする場合に，1つのリストを覚えるのと同レベルで内容が異なる複数のリストから好きなものを選ばせて覚える場合では，後者の方が内発的動機づけが高まり，よく勉強することが知られている（田中，2007）。

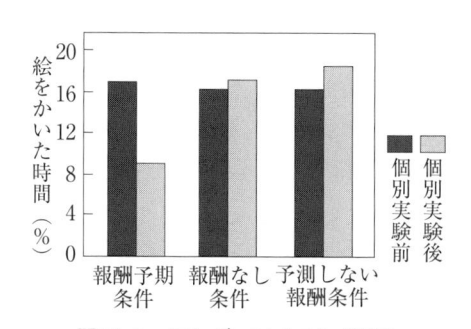

図Ⅶ-2 アンダーマイニング現象
(Greeno & Lepper, 1974；図は大村, 1996より引用)

■自発的に絵を描いている（内発的に動機づけられている）幼児を次の3条件に割り振った。「報酬予期条件」では，絵を一枚描くごとに園児にポーカーチップを与え，それを集めると賞品と交換できることを約束した。「報酬なし条件」では，絵を描かせただけだった。「予期しない報酬条件」では，報酬予期条件と同じ賞品を受け取ったが，絵を描いたから賞品をもらえたという認識はもっていなかった。1週間後，再び絵を描く時間を測定したところ，絵を描くことで報酬がもらえるという経験をした「報酬予期条件」の園児たちは，絵を描く割合が減退した。すなわち，内発的な行動が阻害されてしまったのである。

(林)

VII-6　大人の見方で子どもは変わる

　ギリシャ神話の中でこのような話がある。ピグマリオンという青年が，図書館に飾られてある美しい女性の像に一目惚れをしてしまった。それからというもの，来る日も来る日も図書館に通い，花を飾ったり，素敵な洋服を着せたり，優しく話しかけたりしていると，その女性の像に魂がやどり，人間となり，その後ピグマリオンと暮らしたというものである。もちろん，神話なので現実世界には起こりえないことではある。しかし，「先生がひいきしている」「先生に○○風に思われているのでは」と感じたことがある人もいるのではないだろうか。このように，他者からどう思われているかによって変わる効果のことを「ピグマリオン効果」と呼ぶ。このことを実験的に明らかにしたのが，ローゼンサールとジェイコブソン（1968）である（藤田，2007 a より引用）。彼らは，小学校で「将来の知能の増加を予測する検査」をおこない，担任の教師に「知能の増加が期待できる子」と「そうでない子」という偽の情報を与えた。しかし数ヶ月後，「知能が期待できる子」と教師が思った群（図VII-3では実験群）の方が，IQ が高くなり，そのような期待をより多くもつことで，教師のコミュニケーションに違いが出ることを示している（図VII-4）。

　他にも，さまざまな集団に関して特徴づけた内容を信念として抱いており，人種的ステレオタイプ，職業的ステレオタイプ，性的ステレオタイプと呼ばれるが，その根拠は希薄である（中島，1997）。たとえば，「イギリス人は紳士・淑女である」「先生は規範意識がしっかりしている」「女性は家庭的である」などがある。また，ある一つの突出した特徴だけをとらえて物事を判断することをハロー効果（光背効果）と呼ぶが，表出言語が優れていると能力が高くみられたり，逆に表出言語が乏しいと他の能力も低くみられることがある。

　私たちは誰でも多かれ少なかれ，このような側面をもちあわせている。自分はこのような見方はまったくしない，と思っている方は逆に危険である。大切なのは，他人をみるときに，このようなことで判断がぶれることがある。特に相手が子どもで，あなたが教師という立場であれば，なおさらそのことを肝に銘じて欲しい。

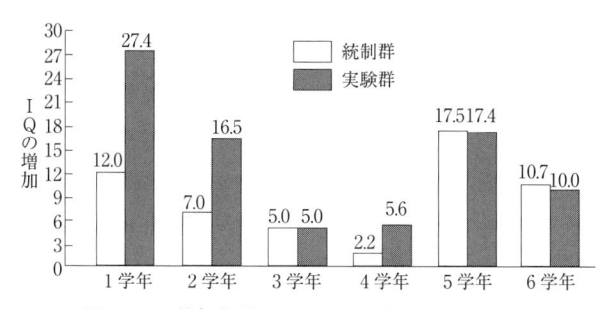

Ⅶ-6　大人の見方で子どもは変わる

図Ⅶ-3　教師期待によるIQの増加（藤田，2007）

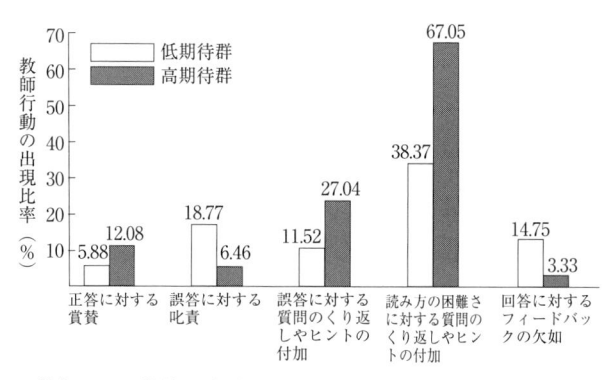

図Ⅶ-4　教師からの期待の高低によるコミュニケーションの違い（藤田，2007）

▶ローゼンサールとジェイコブソン（1968）は小学校で「将来の知能の増加を予測する検査」をおこない，担任の教師に「知能の増加が期待できる子」と「そうでない子」という情報を与えた。この検査は一般的な知能検査で，無作為に割り当てられて子どもである。しかし数ヶ月後，「知能が期待できる子」と教師が思った群（図Ⅳ-3では実験群）の方が，IQが高くなった（図Ⅳ-3）。さらに図Ⅳ-4はそのような期待を多くもつことで，教師のコミュニケーションに違いが起こることを示している。

（山名）

Ⅶ-7　ぼく踊れない！：メタ認知の発達とそれをふまえた教育

　運動会で子どもたちが踊る踊りを，ある幼稚園で実習生が遊戯室のステージで踊って見せていた。「今度はみんなも一緒に踊ろうね」と言いながら，一度しか見せていない踊りに，年長の子どもたちを誘っている。そのとき，ある男の子が「ぼく，踊れない。そんなの，踊れない……」と今にも泣き出しそう。実習生はそれでも「大丈夫だから，見ながら一緒に踊ろう」と言うが，「だって一回しか見ていないのに，ぼく，できない」と体をこわばらせていた。

　この男の子は，自分は何ができて何ができないのかを理解しているからこそ，このようなことを言ったのである。自分が自分をどのように認知しているか，ということを「メタ認知（meta-cognition）」という。そして自分が今，何をしているか意識していることを「モニタリング（monitoring）」といい，メタ認知によって自分の認知を「コントロール（control）」する（図Ⅶ-5）。さらに，メタ活動をおこなうために必要な知識をメタ認知知識と呼ぶ。メタ認知が有効にはたらくためには，メタ認知活動とメタ認知知識の両方が必要となる（岩男・植木，2007）。最近では，このメタ認知機能を教育にいかす研究が多く見られる。学習者がメタ認知の重要性を理解し，自分自身の認知過程を意識することが重要になる。算数の問題を解くときでも，「繰り下がりのある計算は苦手だから，もう一度やってみよう」「16個のリンゴを4人に分けるんだから，わり算をするんだよな」というように，そのとき考えていることを口に出して問題を解く方法もある（シンキングアラウド法：thinking aloud method）。また，メタ認知活動を活性化させるためのチェックリスト（表Ⅶ-2）や，自己評価なども小学校では積極的に取り入れられている。

　前述の男の子は，メタ認知が発達しつつあるからこそ，自分が今，何に困っているかをことばに出すこともできたのかもしれない。でも，みんなと一緒に同じ活動ができなかったり，あるいは違う場面では，もしかしたら自己評価が低くなったりするかもしれない。このような幼児期の子どもの姿を保育者がどのように受け取るかによって，子どもに対する教育の仕方がまったく別の方法となり，子どもの自己評価の発達にも影響を与えるかもしれない。

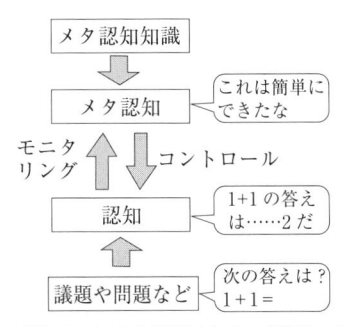

Ⅶ-7　ぼく踊れない！：メタ認知の発達とそれをふまえた教育

図Ⅶ-5　メタ認知における情報の流れ（岩男・植木，2007）

表Ⅶ-2　メタ認知活動チェックリスト

計画
1．課題の性質は？
2．私の目標は？
3．どんな種類の情報や方略が必要か？
4．どのくらいの時間や努力が必要か？

モニタリング
1．自分がしていることを明確に理解しているか？
2．課題の意味がわかるか？
3．私は目標に近づきつつあるか？
4．私は今の状態を変更した方がよいか？

評価
1．目標を達成したか？
2．何が効果的だったか？
3．何に効果がなかったか？
4．次回は別のやり方をした方がよいか？

（出所）Schraw（1998）

（山名）

応用編

VIII 特別支援と個性に応じた教育

1. 特別支援とノーマライゼーション…134
2. 軽度発達障がい
   −ちょっと気になる子−…136
3. 自閉症と
   教育の可能性…138
4. 発達障がいのある子ども
   へのかかわり…140
5. 手話言語で育つ子ども…142

特別支援と
個性に応じた教育

6. IQが高いと頭が良い？…144
7. 発達の遅れとは…146
8. 知能と創造性…148

障がいの診断名だけで，目の前にいる子どもをとらえていませんか。同じ診断名をもっている子どもであっても，一人ひとりはみんな異なる個性豊かな人間です。「障がいのある子どもは」とか，「発達の遅れた子どもは」と，ひとくくりにするのではなく，一人ひとりの個性に着目して，より適切な支援ができるように心がけたいものです。

Ⅷ-1　特別支援とノーマライゼーション

　障がいがあるかないかにかかわらず，個人の力を十分に発揮できるように，さまざまな側面から子どもを支援していくことは，教育の原理のひとつである。

　文部科学省は，2005年に「特別支援教育を推進するための制度のあり方」という答申が，中央教育審議会から出されたのを受けて，従来の障がい種別の特殊教育から，障がいの程度が軽い子ども（Ⅷ-2 参照）も含めた特別支援教育に，その教育方針を改めた。そこでは，特別支援とは，一人ひとりのニーズに応じた適切な指導や必要な支援をおこなうことと定義されている。また，盲・聾・養護学校についても，複数の障がい種別を教育の対象とすることができるように，特別支援学校に転換しようとしている。さらに，小・中学校では，LD，ADHD（Ⅷ-3 参照），高機能自閉症（Ⅷ-4 参照）などと診断された子どもを，新たに通級による指導の対象とするようにしている。

　なんらかの障がいがあることが理由で，本人の行動が規制されたり，生活の範囲が狭められたりすることは，好ましいことではない。たとえば，聴覚に障がいのある子どもが聾学校に通うべきだとか，運動機能に障がいのある子どもは養護学校に通うべきだという考え方は，個人の特性や本人や親たちの希望を無視した考え方であり，正しくないといえる。

　いわゆる障がい者を特別な学校やコロニーに隔離するのではなく，障がいの有無にかかわらず，人間は差別されることなく，ともに通常の社会生活を送るべきだという考え方は，1960年代頃から北欧で提唱され，ノーマライゼーションと呼ばれている。

　障がいのある子どもを普通の学校で受け入れる統合教育も，そのような考え方とは矛盾しない教育の方針である。しかし，それぞれの障がいには，これまでの研究成果が積み上げられた特別な教育方法が存在することにも留意する必要がある。障がいの種類によって，コミュニケーションの方法が制約されることもある。家族や学校関係者との円滑なコミュニケーションがとれるように支援することも重要であるが，社会一般の人たちとも，できるかぎり有効なコミュニケーションがとれる手段が求められる。

Ⅷ-1　特別支援とノーマライゼーション

視覚シンボルを活用したコミュニケーション手段,『PICBOOK』(林・井上, 2005)。アルバム形式になったシンボル集はカテゴリーごとに分類されている。

(井上)

Ⅷ-2　軽度発達障がい―ちょっと気になる子―

　外見も行動もふつう，場合によっては平均以上に優秀なのに，なぜか簡単な計算が苦手な子，文章を読むことが苦手な子，場の空気に合わない発言をしてしまう子といったように，ある領域に限って困難さや特異的な反応を示すことがある「発達障がい」の場合，こうした症状がみられる。かつては，親の養育態度やテレビの見過ぎなどが原因と考えられた時期もあったが，今は脳の機能障がいであることがわかっている。

　発達障がいには，自閉症，学習障がい，注意欠陥多動性障がいなどがあり（図Ⅷ-1参照），アメリカ精神医学会の診断基準（DSM-Ⅳ）で判断されることが一般的である。自閉症は，社会性・コミュニケーション・想像力の3領域に障がいがあり，その多くは知的障がい（IQ＝70以下）をともなう。しかし，自閉症の診断基準を部分的に満たす場合が多数あることが明らかになった。そこで，知的障がいをともなわない自閉症を「高機能自閉症」，知的障がいをともなわず言語発達の遅れもない自閉症を「アスペルガー症候群」と呼び，自閉症を連続性をもつ一連の障がいととらえ，「自閉症スペクトラム」「広汎性発達障がい」と考えられるようになった（図Ⅷ-2参照）。

　軽度発達障がいは，発達障がいの中で知的障がいをともなわないものをさし，アスペルガー症候群や高機能自閉症，学習障がい，注意欠陥多動性障がいなどが相当する。身体的な障がいは目に見えやすいので，援助の意識を抱きやすい。これに対して，軽度発達障がいでは，障がいのある部分以外は健常児と同じかそれ以上の知的能力を示す場合も多いため，ちょっと気になる行動を示しても，なかなか障がいとは気づきにくく，本人のわがままや努力不足などと誤解をしてしまいやすい。しかし，実際は本人の努力不足ではなく，脳がうまく機能していないのである。文部科学省の調査によると，高校進学者のうち，2％程度の生徒に自閉症や学習障がいなどの発達障がいが見られ（毎日新聞，2009年8月11日），決して希な症状ではないことも明らかになっている。近年，「特別支援教育」が充実してきているが，発達障がいの正しい知識を得ることは重要であり，それによりこうした誤解が生まれる余地を低減できるはずである。

Ⅷ-2　軽度発達障がい─ちょっと気になる子─

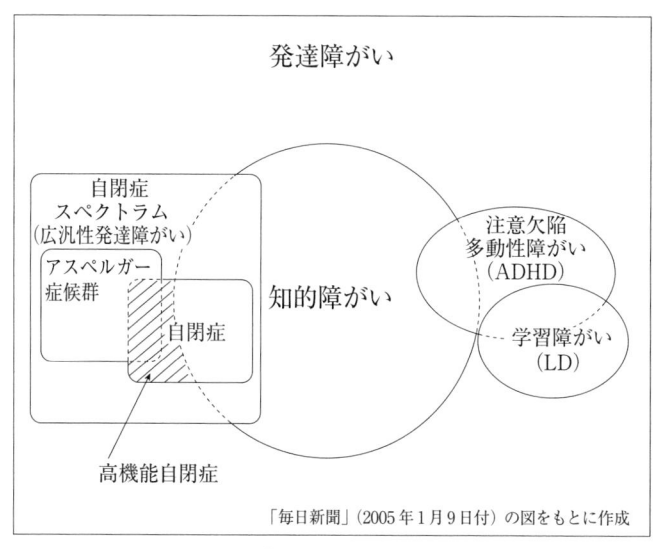

図Ⅷ-1　発達障がいの分類（磯部，2005）

■発達障がいのうち，知的障がいを含まないものが軽度発達障がいであり，学習障がい，多くの注意欠陥多動性障がい，自閉症のうちの高機能自閉症およびアスペルガー症候群などが相当する。軽度発達障がいは，その障がいに気づきにくい。アスペルガー症候群の中には，大人になってから初めて気づく場合もあり，その半生を自叙伝で表せるほど，言語能力や内省能力が豊かな者もいる。しかし，健常者とは違いがあるといわれる。それゆえ，教育にとって発達障がいにかかわる知識が重要である。

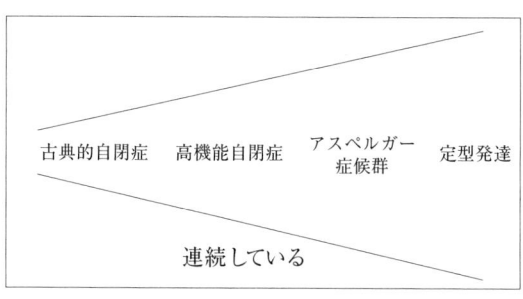

図Ⅷ-2　自閉症スペクトラム（磯部，2005を修正）

（林）

VIII-3　自閉症と教育の可能性

　一般に，自閉症児とはコミュニケーションを取りづらい。こうした自閉症に特有の社会性の欠如は，「心の理論」がうまく機能していない。すなわち，心の状態を想定して他者の行動を理解するような枠組みをうまく使えないことが原因であると知られるようになってきた（Ⅲ-4 参照）。

　その一方で，自閉症児への教育や治療も発展をとげている。行動療法（Ⅶ-4 参照）の考え方をふまえた「TEACCH プログラム」は，自閉症の包括的な支援プログラムとして広く知られている。TEACCH プログラムは，自閉症児を変えるのではなく，その弱点を認めた上で障がい特性に合った対応を周りがおこなう，すなわち「環境を変える」ことを最重視する（別府，2005）。そこで，「構造化」という考え方が重視される。構造化とは，自閉症児に周囲で何が起こっているか，何をどうすればいいのかをわかりやすく提示する方法のことである。朝の会の教室の写真とプールの写真を並べて提示し，「○○（朝の会）の次は□□（プール）」といった見通しを示す時間の構造化や，教室の床の色を分けて「○○（作業）をおこなうのは□□（赤色の床の所）」といった空間の構造化などがある。自閉症児は話しことばの理解が苦手な場合が多いが，これらは話しことばに頼らずとも場面の意味を理解しやすくする手法であり，環境の側を変えることをめざすものである。

　自閉症児には特有の社会性の問題がある一方で，電話帳の電話番号を暗記したり，何十年も後のある日の曜日をすぐに推測できたりする「サヴァン症候群（savant syndrome）」と呼ばれる人たちもいる。これは，全般的な知的障がいがあるものの，計算，記憶，音楽，美術など，対人的なコミュニケーションが必須とされないような場面で驚異的な能力を示すことをいう。

　正高（2004, 2009）は，アインシュタインなど多くの天才は発達障がいや学習障がいを負っていた可能性が高いことを示唆し，「障がいがあったにもかかわらず，それを克服して功績を残した」のではなく「障がいがあったからこそ，功績を残すことができた」と主張している。TEACCH プログラムのような支援に加えて，特異的能力があれば，それを伸ばす教育を考えることも重要だろう。

Ⅷ-3　自閉症と教育の可能性

行事のスケジュールを分かりやすく示す

小学部の児童

太めのセロハンテープをはった上から赤線を引けば、はがして何回も使える。

○	はじめ
♪	うた
	はなし
	はなし
	はなし
	はなし
	はなし
	はなし
♪	うた
	はなし
▲	おわり

子どもにもわかりやすい式次第が必要なので、式の進行を携帯スケジュールで提示している。項目が終わるごとに、赤線で消したりシールをはったりする。長い式の間、好きなキャラクターシール帳を眺めることもできる。

図Ⅷ-3　時間の構造化の例（別府，2005を参考）

（林）

Ⅷ-4　発達障がいのある子どもへのかかわり

　発達検査や知能検査では，生活年齢に応じた課題ができるかどうかが問題となる。ところが，子どもには，それぞれの個性と発達のペースがあるので，何歳になれば何かができるようになるという絶対的な基準があるわけではない。しかし，2歳になるのにことばが出ない，気持ちをことばで伝えられない，変化に富んだ自発的な遊びができない，いつもと同じ行動をしないとパニックになる。こういうような子どもが身近にいると，やはり特別な発達支援が必要ではないかと考えてしまう。

　ことばは比較的容易に観察されるため，言語に障がいがある場合は，比較的早く注目されることになる。しかし，その原因は自閉症であったり，聴覚障がいであったり，発達遅滞であったり，さまざまである。ときには単に言語の遅れという場合もある。また，言語の発語（表出面）で遅れを感じるような場合でも，相手が発することばを理解する力（受容面）は，年齢相当というケースも認められる。したがって，ことばの表出面と受容面のそれぞれにおいて，子どもの特徴を見極めることも重要なことだといえる。

　かりに診断名がついたとしても，子どもがもつ障がいの特徴やその個性はさまざまなので，診断名とその特徴だけを，この子どもの特徴と考えることはできない。大切なことは，一人ひとりの子どもをよく観察し，その子が何に興味関心を示すのか，その子がどのようなことにこだわりを見せるのか，対人的にはどのような関係をもつことができるのかを，具体的な文脈とともに把握することである。そして，できないことだけに注意するのではなく，その子どもがすでにもっている力，その子どもが楽しいと感じられる活動を，見出していくことも，障がいのある子どもとかかわっていくうえでは，重要なことになる。

　発達検査では，何歳何ヶ月になると，このようなことができるというような項目が順序だって配列されている。しかし，子どもの発達には単一のルートがあるわけではない。とくに幼児期の早期においては，発達の速度や子どもがさまざまな場面で取る行動には，かなりの個人差が存在することが知られている。

表Ⅷ-1　さまざまな発達障がいとその特徴

知的障がい	知的な発達遅滞，あるいは発達不全の状態であり，全般的な遅れを示す。全人口の3パーセント程度を占めるといわれている。
学習障がい	知的発達に遅れは認められないものの，読む・書く・計算するなどの能力のうち，特定のものの習得と使用に著しい困難を示す状態。LD（Learning Disability）とも呼ばれる。
コミュニケーション障がい	会話や言語における困難さを示す障がい。吃音や音韻障がい（発達性構音がい）などを含む言語障がいや聴覚障がいだけでなく，より広義には，自閉症やアスペルガー症候群など対人的な問題で困難を示す人たちにも用いられることもある。
自閉症	出生から30ヶ月以内に見出される症候群で，対人的相互反応における質的な障がい。話しことばの理解に大きな困難を示し，反響言語（おうむ返し）や人称代名詞の反転（あなたと私が逆）などの特徴を示すことが多い。
アスペルガー障がい	高機能広汎性発達障がいのひとつで，対人的相互反応における質的な障がい。他者の気持ちの推測力が著しく低く，特定の分野への強いこだわりを示す。自閉症と異なる点は，著しい言語の障がいがないのが特徴。
注意欠陥・多動性障がい	不注意，衝動性，多動を主症状とする行動の発達障がい。ADHD（attention-deficit hyperactivity disorders）とも呼ばれる。ADHDは学童の5％前後の割合を占め，発達障がいとしてはもっとも高頻度である。
特異的言語発達遅滞	知的障がいや聴覚障がいなどが原因でことばに遅れがみられるケースとは異なり，言語のみが特別に遅れる症状をさす。中枢神経系の機能の未成熟，あるいはそれらの障がいが関係していると推定されている。かつては小児失語症（発達性失語症）と呼ばれることもあった。

(井上)

Ⅷ-5　手話言語で育つ子ども

　手話言語を母語とする人たちのことをろう者と呼ぶ。日本では，従来から手話の使用が抑制されてきた経緯があるが，現在，日本手話は豊かな広がりを持ち始めており，それを基礎にしてろう文化が築き上げられている。手話は単なる身振りやジェスチャーではなく，しっかりした文法と抽象的な概念を表現する語彙を備えた言語である。一般の聞こえている人たちが手話を理解できないことが原因でコミュニケーション障がいが生じる可能性はあるが，相手に手話の知識や能力があれば，大きなコミュニケーション障がいは生じない。

　重度の聴覚障がいがある場合，音声言語を母語にすることはきわめて難しい。そもそも母語とは教えられなくても自然に身につく言語であるはずのものであり，特別な言語指導が必要な場合，その目標言語が母語になるとは考えられない。そのような子どもたちの場合，論理的には，手話言語を母語として定着させることに注意と努力が払われないといけないことになる。かりに，両親がろう者でなく手話言語が堪能でなくても，子どもに重度の聴覚障がいがあるとわかった段階で，両親が手話を学習して，家庭内ではできるかぎり子どもと手話でコミュニケーションを取ることが望ましいと考えられる。また，教育機関においても，手話言語の獲得とその保障を第一義的な目標に設定されるべきである。

　ところが，聾学校では音声言語を中心にしたさまざまな口話法の教育がなされているのが一般的である。そして，手話言語は系統的に教えられていない。聴覚に重度の障がいのある場合は，口話法の教育だけでは教育効果が上がりにくい。単語に対応する概念を手指によって表現する手話や，カナで表記可能なそれぞれの音節を表現する指文字などは，聴覚に障がいのある子どもにとっては理解しやすいものであると考えられる。たとえ，口話法による指導がおこなわれていても，教師が学習者のコミュニケーション手段に理解を示し，できればそのコミュニケーション手段を用いて教授することが望ましいと考えられる。

　ろう者の割合は統計的には1,000人に一人とされるが，社会的少数派が不利益を受けないような環境づくりが急がれる。

Ⅷ-5　手話言語で育つ子ども

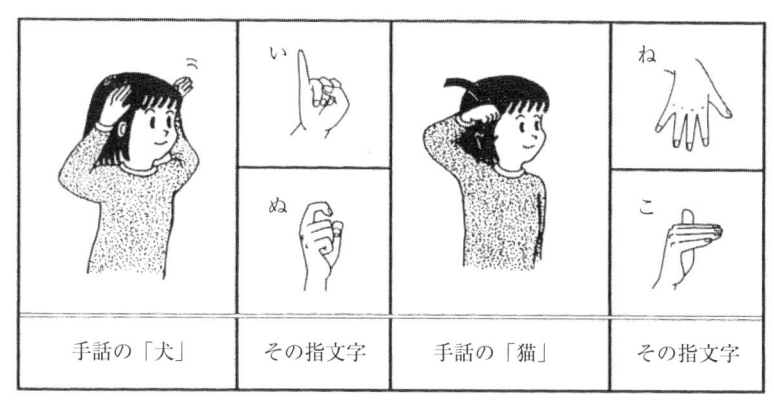

図Ⅷ-4　「犬」と「猫」を表現する手話と指文字

▶日常のコミュニケーションでは，このような使用頻度の高い一般の単語は，手話で表現されるのが普通である。指文字は，固有名詞や外来語など，主として，手話単語に存在しないものを表現することになる。しかし，指文字だけなら，多くの人たちにとって比較的短時間で習得可能であり，キーワードの提示時などに併用することは有効であると考えられる。（イラスト提供は稲葉知里氏）

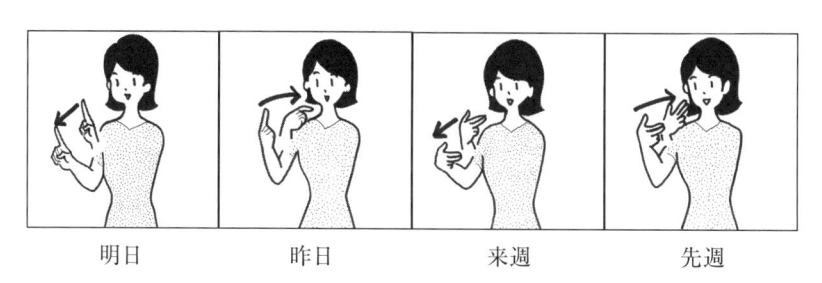

明日　　　　昨日　　　　来週　　　　先週

図Ⅷ-5　時間を表現する手話の例

▶手話はそのものの見えを具体的に表現するだけではなく，非常に論理的なルールと表現方法を備えている。たとえば，時間を表現する場合に，前方向が未来を表し，逆に後ろ方向は過去を表す。「明日」や「昨日」が一日の時間差を示すことを1本の指で表現し，「来週」や「先週」などの七日の時間差については，手話数字の「7」がもちいられる。（イラスト提供は稲葉知里氏）

（井上）

Ⅷ-6　IQが高いと頭が良い？

　時折，英才教育の広告で"IQ 200の赤ちゃん"や，"IQを高める方法"といった見出しがみられるが，この"IQ"とはどういうものであろうか。IQ（知能指数：Intelligence Quotient）とは，スタンフォード・ビネー式検査の中でシュテルンが提唱したもので，検査で測った精神年齢（MA：Mental Age）が生活年齢（CA：Chorological Age）に比べて，高いのか低いのかを示したものである。たとえば，検査時が8歳10ヶ月（CA）だとしよう。検査で測ったMAが8歳10ヶ月だとしたら，IQは100である。MAが低ければIQは100より小さくなるし，高ければ100より大きくなる（図Ⅷ-6参照）。つまりIQとはMAをCAでわり，100かけた数値のことである（IQ＝MA÷CA×100）。

　知能（Intelligence）は，いろいろな心理学者によってその定義が試みられているが，内容的な一致はみられていない（山本，2002）。現在，比較的広く受け入れられている考え方が，2因子説（スピアマン），多因子説（サーストン），知能構造論（ギルフォード；Ⅷ-8 参照）である。2因子説とは，知的活動に共通する一般的知能を想定し，かつ，個々の知的活動にはたらく特殊因子を想定している（図Ⅷ-7）。たとえば，数学能力について考えるとき，2因子説では一般的知能は遺伝的に規定されている部分であり，特殊因子は数学の領域での経験によって表される（山本，2002）。対して多因子説とは，一般因子というものは存在せず，言語，数学，空間認識などの知能をそれぞれの知的活動の要素として考える立場である（図Ⅷ-8）。

　知能検査は研究者が知能をどういうものだと考え，それを検査道具，検査項目として作成したものである。図Ⅷ-9のようなウェクスラー式知能検査では，知能を言語性と動作性という観点からとらえ，知能検査にしている。つまり，知能検査を実施し，その反応がMAとされるので，検査によって算出されるMA，ひいてはIQも変化する。もっといえば，熟練した検査者とそうでない検査者によってもIQは変動する。一方で，知能は学業成績とは独立しており，一生のうちであまり変化しないという立場もある。とすると，"IQ 200の赤ちゃん"はどのような赤ちゃんなのだろうか……。

Ⅷ-6　IQが高いと頭が良い？

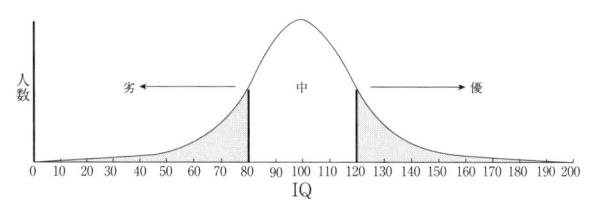

図Ⅷ-6　知能指数の分布図（山本，2002より引用）
▶IQ＝100が平均であることを示し，80より低い人，120より高い人はだんだん少なくなっていることを示している。

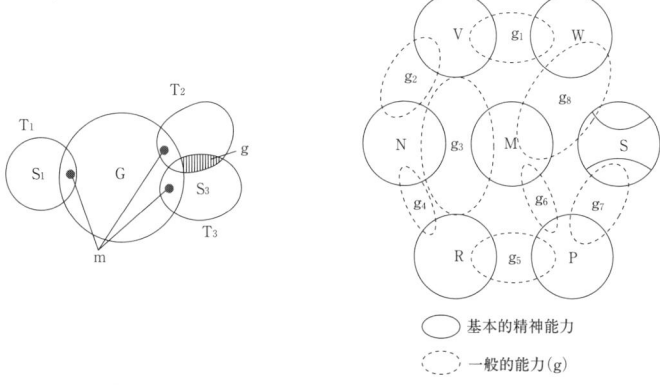

図Ⅷ-7　2因子説を示しているモデル
（山本，2002より引用）

図Ⅷ-8　多因子説を示しているモデル
（山本，2002より引用）

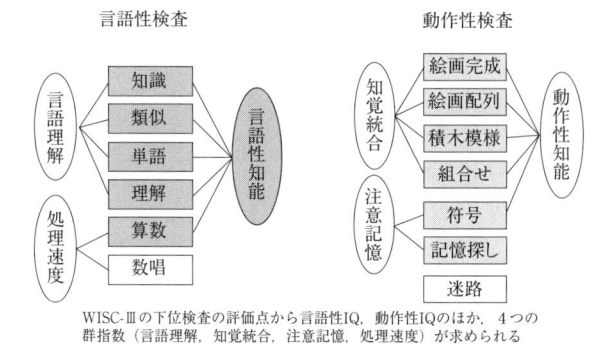

○ 基本的精神能力
⬭ 一般的能力（g）

WISC-Ⅲの下位検査の評価点から言語性IQ，動作性IQのほか，4つの群指数（言語理解，知覚統合，注意記憶，処理速度）が求められる

図Ⅷ-9　ウェクスラー式知能検査の一つである WISC-Ⅲ の下位検査の構成
（藤岡，2010より引用）

（山名）

Ⅷ-7　発達の遅れとは

　知能指数（Ⅷ-6 参照）の概念に近い指数として，発達指数（DQ: Developmental Quotient）と呼ばれるものがある。知能指数と同様，検査で測った発達年齢（DA: Developmental Age）が生活年齢（CA）に比べて，高いのか低いのかを示したものである。たとえば，新版K式発達検査は，「姿勢・運動領域」「認知・適応領域」「言語・社会領域」と分かれており，領域別のDAや全領域におけるDAを算出することができる（図Ⅷ-10参照）。同様に運動機能や認知機能，生活習慣など多面的に乳幼児の発達をみる検査に，遠城寺式乳幼児分析的発達検査法（通称：遠城寺式），乳幼児精神発達診断法（通称：津守式，0〜3歳まで，3〜7歳までに分かれている）などがある。また乳幼児を対象とする検査の場合，養育者が子どもの様子を観察し，評定する検査もある（たとえば，日本語マッカーサー乳幼児言語発達質問紙がある）。

　「1歳6ヶ月健診」や小学校に入学する前に「就学時健診」を受ける。これらは各自治体によって実施されているものであるが，上記のような発達検査の項目や，知能検査の項目が使用されることも多い。

　乳幼児の場合，非常に個人差が大きく，新版K式検査でもそれぞれの年齢相当の通過率というものは50％である。つまり，ある項目が「2歳5ヶ月」相当の課題であるとされるのは，「2歳5ヶ月の子どもの50％ができる課題」ということである。この「50％の通過率」というものを知らなければ，養育者としては不安に思うこともあるかも知れない。また，健診でひっかからないために，あらかじめ検査項目を訓練させることもあるようである。さらにいえば，非日常的な検査場面で，知らない人に何かをされることが苦手な子どももいる。津守（2002）は津守式検査について，標準化してあるので発達指数を算出することできるが，あえてそれをしない，と述べている。それは数量化して数値で発達指数を出すと，単一の尺度で個人を評価する危険性があるからだ，と警告している。生澤・松下・中瀬（1992）も検査場面と日常場面での子どもの様子に違いがあることは当たり前のことであり，その意味を考えることの必要性を指摘している。

VIII-7　発達の遅れとは

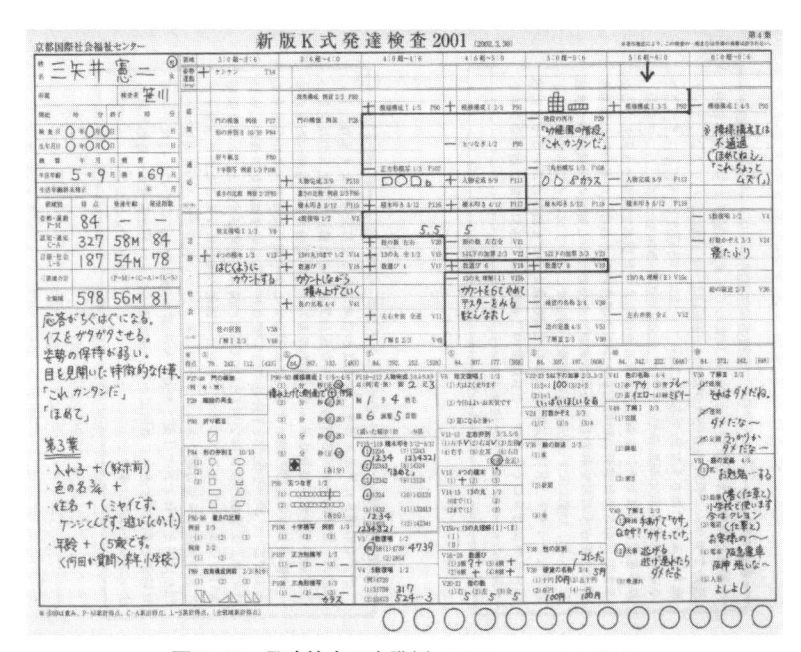

図VIII-10　発達検査の実際例（川畑ら，2005より引用）

▶上記のプロフィールは川畑（2005）に掲載されていたものである。このようにK式検査ではそれぞれの領域ごとに検査を実施していき，できた項目を線でつなぎ（プロフィール）でいき，各領域の発達的偏りやDQなども算出し，多面的に発達をみている。

コラム　目に見えないものを見える形にすることの難しさ

　知能や発達というものは，目に見えない。また，研究者によってもその概念の一致をみることは少なく，ああでもない，こうでもないと，さまざまな議論が展開されていることである。しかし，それでもなんとか目に見える形にしようとするとき，いろいろな問題が含まれることを考えずにはいられない。近年，話題になっている「学力」もしかり，である。学力とは何か，という本質的な議論がないまま，PISA型のテストに対応できるように，あるいは国語と算数（数学）だけでは教科が少ないので，理科や社会もいれるべき，というような，本末転倒とも思える議論が先行している。見えないものを見える形にするときは，よほど慎重に考えなければならない。愛国心を測る尺度，など考えただけでも怖い発想がでてくるかもしれない。

（山名）

Ⅷ-8　知能と創造性

　子どもとかかわっていると，「こんな風に考えるのか」「こんな風にみているのか」など柔軟な発想や思考に驚かされることがある。幼児期は創造的想像が発達される時期ともいわれるが，このような創造性は児童期中期にはだんだん衰退していく（弓野，2002）。それはどうしてなのだろうか。

　ギルフォード（Guilford）は，従来の知能の説明だけではなく（Ⅷ-6 参照参照），「知能の三次元モデル」を提唱している。その中でも特に，収束的思考（Convergent Production）と拡散的思考（Divergent Production）があり，特に創造性に関するのは，拡散的思考であると考えられている。収束的思考が１つの答えを導き出す思考に対して，拡散的思考はさまざまな解決法を考えたり，導き出したりするための柔軟な思考だからである。図Ⅷ-11はある創造性テストの一部であるが，これも拡散的思考をみるものが中心である。また一方で，図Ⅷ-13のような場面から「機能的固着」という問題を論じているものもある（宇田，1996）。これはメイヤ（Maier）が考えたものであるが，天井からたれていて，手が届かぬほど離れている２本のひもを結ぶにはどうしたらいいか，ということを問うている。

　さて，図Ⅷ-14は知能に関して，年齢とともに衰えていくものとそうでないものがあることを示したものである。流動性知能とは単純な記憶や問題解決，概念形成などのあるピークをすぎると衰退していくものである。他方，結晶性知能とはそうではなく，年齢とともにそれ相当の発達を示すもの，たとえば語彙の豊富，人間関係など，いわゆる「おばあちゃんの知恵袋」のように生きてきた分，それが知恵となることを示す知能である。この知能は学校で与えられ教えられたものだけではなく，生活する力や生きる力のようなものかもしれない。

　今までみてきた拡散的思考や流動性知能は，生活場面の中で得られるものと考えられている。１つの考え方，基礎的な力ではなく，柔軟で多様な考え方，応用的な力といってもいいかもしれない。そう考えると，そういう力が幼児期に発達して，学校教育がおこなわれ始めるとだんだん失われていくということも，ある意味，理解可能かも知れない。

Ⅷ-8　知能と創造性

1　ここに描かれたぬいぐるみのおもちゃのヒツジの絵に，どのように手を加えれば子どもたちがより面白がって遊べるだろうか。他の人が思いつかないようなアイディアを考えよう。アイディアを書き並べなさい。

3　下の不完全図形を他の人が思いつかないような何かの絵に仕上げてみよう。できるだけ面白く，またできるだけ話になるようにしなさい。そして，その絵に題銘をつけてみよう。

2　この絵について思いついたできるだけ多くの質問をしなさい。この絵を見ただけではわからないことについても質問してみよう。あなたを困らせたことについても質問してよろしい。

4　ポンコツ車の使いみち，くず車の普通でない用途をできるだけたくさん考えよう。それをリストにして書きなさい。

5　空中を歩いたり，飛行機などに乗らないで飛ぶことができたと想像してみよう。さて，どんな問題が起きてくるか，思いつくことを列挙してみよう。

図Ⅷ-11　創造性テストの例（弓野，2002より引用）

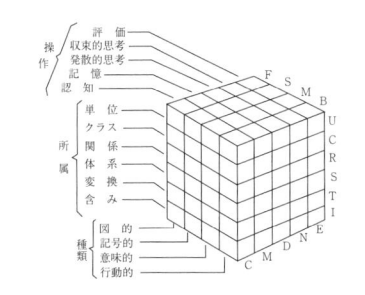

図Ⅷ-12　ギルフォードの知能モデル
（弓野，2002より引用）

図Ⅷ-13　2本のひもの問題
（宇田，1996より引用）

▶これはメイヤ（Maier）が考えたもので，天井からたれて，手から離れた2本のひもを結ぶにはどうしたらいいか，を問うている。この場合，ペンチをひもの片方に結び，振り子のようにふり，ふられてきたひもを結ぶことが正解だが，10分以内に答えたものは4割だけ，という結果である（宇田，1996）。

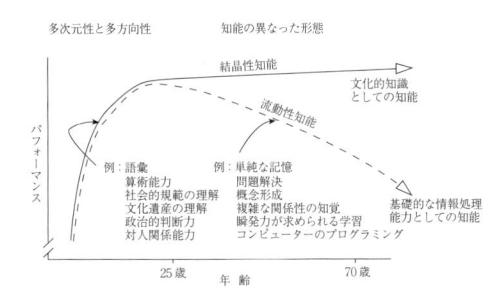

図Ⅷ-14　結晶性知能と流動性知能の発達
（山本，2002より引用）

（山名）

応用編

IX　外国語学習と異文化理解

1. 小学校における英語教育…*152*
2. 外国語の早期学習と英語落語…*154*
3. 家庭におけるバイリンガル環境…*156*
4. 異文化理解の教育…*158*
5. 子どもの発達と異文化適応…*160*
6. 子どもにとってのマルチメディア教材…*162*
7. 英語で教えるイマージョン教育…*164*
8. 子どもを海外に連れて行くのなら何歳か？…*166*
9. 子ども時代を戦前のハワイで過ごした日系人…*168*

外国語学習と異文化理解

　社会の国際化が進む中にあって，子どもにも幼い時から，外国語を習わせたい，異文化に触れさせたいと願う親は少なくないでしょう。ただ，その方法や環境づくりには，少し工夫をしたほうがよいというのが，心理学研究の成果から示されています。子どもに不必要なストレスを感じさせない方法を，ぜひこの章から読みとってください。

IX-1　小学校における英語教育

　文部科学省は2011年度から小学校5・6年で週1コマ「外国語活動」を必修化して実施することを決めている。そこでは，話しことばの活動を中心にして，外国語に慣れ親しませるとともに，言語や文化について体験的に理解を深め，積極的にコミュニケーションを図ろうとする態度を育成し，コミュニケーション能力の素地を養うことを目標としてさまざまな活動をおこなうとしている。このように小学校英語では，言語知識としての英語能力（コンピテンス）ではなく，言語の実際の運用能力（パフォーマンス）に，習得の目標が置かれている。

　通常の言語発達においては，話しことばがある程度獲得されたあとで，書きことばを習得することになる。したがって，中学での学習内容を単に前倒しにしたのではなく，音声中心の学習を小学校英語の目標にしている点は評価される。また，外国語の学習においては，抽象的な理解が難しい学習者の場合には，単語の意味の機械的な暗記や文法の意識的な理解は不向きであるため，身近な出来事についての情報交換や，ゲームを用いた具体的な活動が効果的である。

　もっとも，学習者の認知スタイル（II-12 参照）や個性によっては，外国語の音声を比較的容易にそのまま繰り返せる子どもがいる一方で，文字を媒介にしないと学習内容の記憶が定着しにくい子どももいることが予想される。あるいは，具体的な文脈の中で言語が示されることによって理解が促進される子ども（場依存の認知スタイル）がいる一方で，そのような文脈にはかかわりなく，抽象的な規則がわかって初めて理解できる子ども（場独立の認知スタイル）などがいることも予想される。

　クラス全体での一斉授業では，このような個別の学習者の適性に配慮することは難しいが，それぞれの適性に応じて教授法が工夫され，より効率のよい学習が進められることが求められる。そのためにも，現場の教師が指導資料にのみしたがって指導するのではなく，子どもたちの反応に即して臨機応変に授業が展開されることが望ましい。外国語教育についての十分な知識と経験がある教師が，小学校英語の指導の現場でこそ必要とされる。

IX-1　小学校における英語教育

表IX-1　小学校での外国語活動に関する指導のポイント

項目	外国語活動の学習指導要領にみる指導時の留意事項
1	外国語でのコミュニケーションを体験させる際には，児童の発達の段階を考慮した表現をもちい，児童にとって身近なコミュニケーションの場面を設定すること。
2	外国語でのコミュニケーションを体験させる際には，音声面を中心とし，アルファベットなどの文字や単語の取扱いについては，児童の学習負担に配慮しつつ，音声によるコミュニケーションを補助するものとしてもちいること。
3	言葉によらないコミュニケーションの手段もコミュニケーションを支えるものであることを踏まえ，ジェスチャーなどを取り上げ，その役割を理解させるようにすること。
4	外国語活動を通して，外国語や外国の文化のみならず，国語や我が国の文化についても併せて理解を深めることができるようにすること。
5	外国語でのコミュニケーションを体験させるに当たり，主として次に示すようなコミュニケーションの場面（特有の表現がよくつかわれる場面；児童の身近な暮らしにかかわる場面）やコミュニケーションの働き（相手との気持ちを円滑にする；気持ちを伝える；事実を伝える；考えや意図を伝える；相手の行動を促す）を取り上げるようにすること。

注：文部科学省のホームページ≪http://www.mext.go.jp/a_menu/shotou/new-cs/youryou/syo/gai.htm≫より

　文部科学省のインターネットのサイトでは，教材（絵カード）等を掲載し，外国語活動に関する情報提供をおこなわれる予定≪http://www.mext.go.jp/a_menu/shotou/gaikokugo/index.htm≫。またヒアリング用CDや「スピーチ指導」のポイントなどを解説した指導資料も導入される予定。「英語ノート」には「CDを聞く」「友達の前で発表する」といった活動が多く盛り込まれ，ビンゴゲームなどの遊びを通じ，疑問形や否定形も学ばせる工夫をしている。さらに教師向けの指導資料では，「冒頭のあいさつ（5分）」「前回の復習（15分）」など45分間の授業をどう進めるか詳細なタイムスケジュールを示し，「指導上の留意点」「カードを見せながら児童に質問する」などの指導方法についても分刻みで明記している。

（井上）

IX-2　外国語の早期学習と英語落語

　一つひとつの英単語の意味や文法を勉強しただけでは、話しことばとしての英語能力が身につかない。教室内での通常の語学学習に大きく欠落しているのが、ことばを使用するときの知覚と感情の問題である。私たちは日常のコミュニケーションで、文字を読み上げながら会話をしていない。注意を向けている対象物や相手の顔の表情を見ながら、ことばのやりとりをすることが多い。そして、そのときにはさまざまな感情がともなうものである。

　すなわち、テキストなどの書きことばに依存するような古典的な文法訳読法（grammar-translation method）による教授法では、話しことばのコミュニケーション能力は身につかない。そこで、学習すべき目標言語（たとえば英語）でその言語を教える直接的教授法（direct method）や、身体を使ってことばの意味理解を促進させる全身反応教授法（TPR：total physical response）が、とりわけ年少の子どもたちを対象とするような語学教育の場で用いられている。ところが、そのような方法でも、機械的な練習や訓練になってしまう可能性が強いと思われる。相手に伝えたいという強い思いや、そのときの気持ちを表出することはなかなか難しい。

　それでは、感情をともなうようなコミュニケーション能力は、どのようにすれば年少の子どもたちにも、身につけさせることができるのだろうか。幼稚園や小学校に通う子どもに英語落語を演じさせることによって、英語を教えようとする興味深い試みがおこなわれている。関西に基盤を置く「こども落語協会」というところでは、「落語メソッド」という教授法を採り入れて、落語の小道具である扇子と手拭をもたせて、英語で落語を演じることを通して、英語を運用する技能を身につけさせようとしている。

　落語はひとりで複数の登場人物を演じる特殊な古典芸能のひとつであるが、そこでは、会話の相手を意識しながら、感情を込めて発話者がことばを発する必要性が生じる。つまり、会話の相手を含むその場の状況を認識するだけではなく、想像力を駆使して状況にあるべきものをイメージする必要がある。そのようなことがコミュニケーション能力の向上に役立つようである。

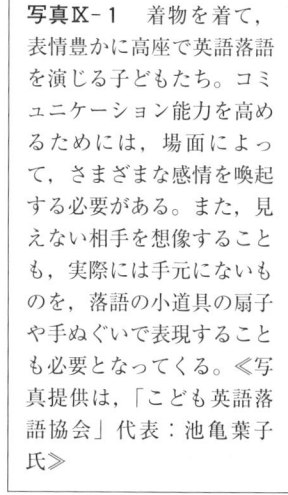

Ⅸ-2　外国語の早期学習と英語落語

写真Ⅸ-1　着物を着て，表情豊かに高座で英語落語を演じる子どもたち。コミュニケーション能力を高めるためには，場面によって，さまざまな感情を喚起する必要がある。また，見えない相手を想像することも，実際には手元にないものを，落語の小道具の扇子や手ぬぐいで表現することも必要となってくる。≪写真提供は，「こども英語落語協会」代表：池亀葉子氏≫

（井上）

IX-3　家庭におけるバイリンガル環境

　日本では20組に1組が国際結婚というデータがある。異なる母語をもつ両親が子育てをする場合，その家庭ではどのような言語環境が一般的なのだろうか。右のページに示されている表IX-2「ファミリー・バイリンガリズム評定尺度」は，家庭内の二言語環境を数値化するときに使用される21個の項目のチェック・リストである。

　すべての項目に対して5段階の評定値（もっとも肯定的な反応に5点，もっとも否定的な反応に1点を与える）で回答した後，表の各項目の末尾に示す数字をそれぞれの評定値に乗じる。このようにして重みづけされた21個の点数の総和を求め，この得点をもとに，その家庭におけるバイリンガルの言語環境の状況を判断したものである。この基準は，数多くの実際の家族を調査した結果の経験的なものとされている（Arngerg, 1991）が，相当な配慮がなされないと，彼女のいう「完全なバイリンガル」に子どもは育たないことになる。

　個人の言語の相対的優勢に影響を与える家庭内言語環境には，両親の言語使用の形態のほかに，テレビやラジオで用いられる音声言語，新聞や雑誌などの文字情報，CDやDVDを媒介にした歌，あるいは絵本や知育玩具までの言語と密接に関わる素材が数多く存在する。さらに，その家庭を訪れる人がいずれの言語を使用するかといった問題も，家庭内言語環境のひとつととらえることができる。また，物理的には家の外に出る場合であっても，たとえば，家族全体で少数派言語の使用されている教会のミサに出席するとか，自分たちと同じ言語を使用する家庭を訪れるとか，少数派言語を使用する国への旅行やそこでの滞在の様子など，そういった慣習的な生活様式も重要な要素と考えられる。

　このほか，本人や両親，その他家族の人たちがもっている自分たちの少数派言語に対する言語態度も二言語使用に大きな影響を与える。すなわち，自分たちの少数派言語やその背後にある文化にいかに親しみを感じ尊重しているかといった心理的な問題，高等教育や職業選択の際に，その少数派言語を使用することが，自分たちにどのような恩恵をもたらすのかといった実利的な問題など，言語使用の動機づけと直接あるいは間接的にかかわる事象が存在する。

IX-3 家庭におけるバイリンガル環境

表IX-2　Arnbergの「ファミリー・バイリンガリズム評定尺度」の項目

1. 父親は子どもに，少数派言語をどの程度使用するか。(3)
2. 母親は子どもに，少数派言語をどの程度使用するか。(3)
3. 両親間の会話で，少数派言語はどの程度使用されるか。(2)
4. 家庭内で兄や姉は，少数派言語をどの程度使用するか。(3)
5. 少数派言語を用いた子どものための素材は，家庭内で豊富にあるか。(2)
6. 他の言語を学習することが，どの程度容易に感じられるか。(1)
7. 少数派言語の国に，どの程度旅行するか。(3)
8. 少数派言語の国に，帰国予定はあるか。(3)
9. 近所に同じ少数派言語使用の国の出身家族がいるか。(2)
10. 家族で少数派言語を話す友人や親戚に，どの程度出会うことがあるか。(3)
11. 少数派言語や文化を共有する組織で，家族でどの程度活動するか。(1)
12. 少数派言語での宗教的活動に，家族でどの程度参加するか。(1)
13. 少数派言語を用いる文化活動に，家族でどの程度参加するか。(1)
14. 自分の少数派言語とその文化集団に対する主流言語話者の態度はどうか。(2)
15. 少数派言語とその文化集団とのつながりを保持することが両親にとって重要か。(3)
16. 子どもを少数言語を用いる幼稚園などに行かそうとするか。(3)
17. 子どもを少数言語を用いる学校に行かそうとするか。(3)
18. 子どもが成人したとき，少数派言語は仕事や教育などで有用と感じるか。(3)
19. 子どもと少数派言語で意思伝達できることがどの程度重要と感じるか。(3)
20. 少数派言語でのゲームや本読み，歌を歌うなどの活動の時間がどの程度あるか。(3)
21. 子どもをバイリンガルに育てようとすることに，親戚の人たちの反応はどうか。(2)

注：各項目の末尾の数字は，得点算出過程での重みづけ係数。各項目に5段階評定で回答した後，それぞれの重みづけ係数を乗じてその総和を求める。得点が200点以上であると，子どもをバイリンガルに育てるのに適した環境だとされる。また，150点以下である場合は，そうではないとされている。

(井上)

IX-4　異文化理解の教育

　「ある家庭では，土曜日ともなればきまって，1歳前後の幼い子どもを実家の両親に預けて，夫婦そろって外食に出かける。隣の家では，夫は土曜日も仕事の付き合いとかで，毎週のように家族を置いて飲みに出かける」お互いの生活に無関心なところでは，かりにこのような状況があったとしても，それほど大きな問題にはならない。ところが，実際には，近くにまったく異なる生活様式を実行している人たちがいると，そのことは非常に気にかかることである。

　世界には，さまざまな異なる文化と言語の壁があり，異なる背景をもつ人たちを理解したり，円滑なコミュニケーションをおこなったりすることは必ずしも容易ではない。お互いに相手の行動様式や習慣，考え方を理解し，それらを尊重するためには，他者がどのような文化的背景をもっている人たちなのかを十分に把握することが必要である。国際理解教育や異文化理解の教育に必要な視点は，自分の文化が絶対であるととらえるの（自文化中心主義）ではなく，さまざまな文化が世界にはあること，また，同じ民族や国の中でも，多様な文化が存在すること（文化相対主義）を認識することである。

　「文化」という用語にはさまざまな定義が存在するが，ここでは，「人間が創り上げてきた有形無形の産物であり，それによって，人間の生き方や生活に大きな影響力を与えるもの」と定義する。右のページの図IX-1では，文化を大きく「伝統文化」と「生活文化」の2つに分け，その2つの文化の区別を大雑把に示している。異文化理解の教育では，典型的な日本の文化として，華道や茶道などが取り上げられることが多いが，異文化理解といったときの文化は，むしろ普段は意識化することが難しい「生活文化」と呼ばれる部分を理解することが重要であると考えられる。

　「異文化」という用語は，必要以上に文化の違いを強調する性質を有しているが，表面的には相容れない形式の慣習や社会の決まりが，突き詰めれば普遍的な共通性を有していることは珍しくない。表面的な違いのみにとらわれすぎずに，そのような違いが生み出された背景を理解したり，その背景にある考え方に触れたりすることが重要であると思われる。

IX-4 異文化理解の教育

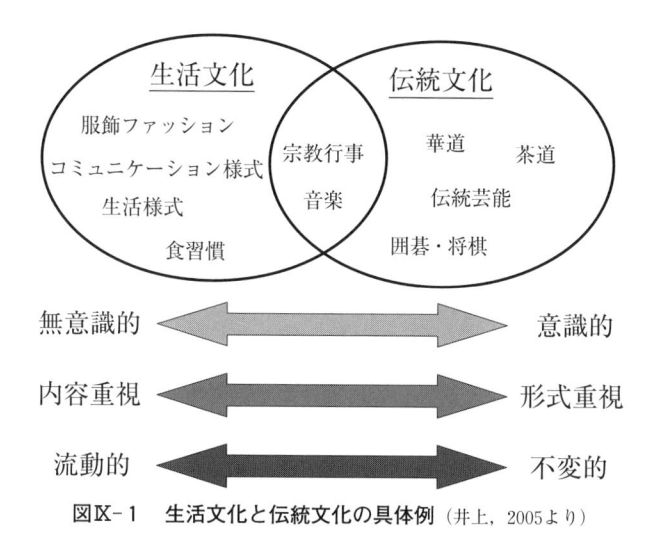

図IX-1 　生活文化と伝統文化の具体例（井上，2005より）

■お茶やお花や歌舞伎，あるいは年に一度の宗教行事などは，歴史的伝統的に継承されてきた文化であると考えられるが，必ずしも日常生活に密着しているとはいえない。そのような意味では，それらは「伝統文化」と呼ばれる。それに対して，食生活の習慣や日常のコミュニケーションの様式，ふだん愛用している小物や道具などは，毎日の生活と切り離すことができない。またテレビや新聞など毎日触れるメディアからの情報なども，毎日の私たちの生活に直接かかわる文化だということが可能である。そのような意味で前述の「伝統文化」に対立する概念として，こちらのタイプの文化は「生活文化」と呼ばれる。2分類は排他的なカテゴリではなく，どちらにも属するような事象が存在すると考えられる。

（井上）

IX-5　子どもの発達と異文化適応

　家族そろって海外で何年間か滞在したときに、一番早くにその社会に適応するのは、家族の中で一番小さな子どもだという事例は、少なからず報告されている。幼い子どもは、新しいものに対する好奇心が旺盛なだけでなく、それまでの自国の文化にもそれほどとらわれることがないという点で、多くの大人とは異なった存在だといえるかもしれない。

　箕浦（1990）は、日本からアメリカに渡ってきた子どもたち70名の異文化体験の様子を、面接調査によって明らかにし、具体的な数値のデータで示している。この研究の目的は、アメリカへの渡航時の子どもの年齢と、滞在期間の長さを手がかりに、認知・行動・情動の3つレベルにおいて、その適応の様子を明らかにすることである。右のページの2つの表にその結果が示されている。

　「アメリカ文化同化タイプ」の列に示された5つのローマ数字は、ⅠからⅤに進むほど、「アメリカ化」の程度が大きくなっていることを示している。彼女が定義したその5つのタイプの内容は以下のとおりである。タイプⅠ：「日米の対人関係のもち方が違うという認知がなく、ズレを感じていないタイプ」／タイプⅡ：「行動が違うという認知はあるが、そのように行動できない、またはしないタイプ」／タイプⅢ：「認知・行動はアメリカ的だが、情動の動きは日本的なタイプ」／タイプⅣ：「認知・行動はアメリカ的だが、情動面はどちらとも判定がつかないタイプ」／タイプⅤ：「認知・行動・情動のすべてがアメリカ的で、ズレを感じていないタイプ」。

　この2つの表からは、4年を境にした滞在期間もさることながら、渡航時の年齢が、「アメリカ化」の程度と、非常に関係が深いことが読み取れる。すなわち、9歳くらいを境に、それまでにアメリカに来ている子どもは、その大半がタイプⅣかタイプⅤであるのに対して、それ以降に来ている子どもたちでは、その多くがタイプⅠからタイプⅢのいずれかに分類されている。この研究結果からは、「7，8歳までであれば、異文化の受容は比較的スムーズである」ことが示されている。ただし、日本の文化を保持することも重要であると考えれば、必ずしも同化することが好ましいとは言い切れない。

表Ⅸ-3　4年以上アメリカに滞在した子どもの渡航時年齢別文化同化度
(箕浦, 1990より改編して著者が作成　N=32)

アメリカ文化 同化のタイプ	9歳未満	9, 10歳	11〜13歳	13歳以上	計
タイプⅠ	2	1	0	0	3
タイプⅡ	0	0	0	0	0
タイプⅢ	0	1	4	0	5
タイプⅣ	10	1	0	0	11
タイプⅤ	13	0	0	0	13
計	25	3	4	0	32

表Ⅸ-4　4年未満アメリカに滞在した子どもの渡航時年齢別文化同化度
(箕浦, 1990より改編して著者が作成　N=38)

アメリカ文化 同化のタイプ	9歳未満	9, 10歳	11〜13歳	13歳以上	計
タイプⅠ	1	3	2	1	7
タイプⅡ	4	5	4	2	15
タイプⅢ	0	1	2	1	4
タイプⅣ	9	3	0	0	12
タイプⅤ	0	0	0	0	0
計	14	12	8	4	38

(井上)

IX-6　子どもにとってのマルチメディア教材

　デパートの子ども用品の売り場などでは，いわゆる知的玩具と並んで，音の出る教材や液晶画面を備えた教育機器などが販売されている。また，コンピュータソフトのなかには，さまざまなタイプのマルチメディア教材が開発されている。日本でもいわゆるマルチメディアのコンピュータは1990年ごろ開発された。それまで主として文字と数字だけを扱っていたコンピュータが，カラーの動画と音楽を含む聴覚情報も制御できるようになり，その教育への応用に期待が寄せられた。

　一般的に，過度に言語情報に依存する教育活動は好ましくない。まして学習者が十分に言語情報を理解できないような年少の子どもたちの場合では，このようなマルチメディアの教材はそれなりの意味がある。何より見た目に綺麗な写真が絵画，そして3次元のグラフィックス，アニメーションの動画などは，子どもの注意を引くことができる。そして，視覚的なイメージをふくらませながら，より具体的な形で学習をすすめていくことに，大きな利点があることは，心理学的な研究だけではなく，教育現場での経験などからも明らかである。

　ただし，いわゆるマルチメディア教材が提供できるものは，本物ではない疑似体験がその大部分を占める。たとえば，絵を描くときにも液晶の画面に描いた結果は表現できても，絵の具や色鉛筆を使うことはない。画面に出てくるアニメのキャラクターと英語で会話をしたとしても，相手はこちらの顔の表情までは理解してくれない。現実場面の重要な要素はいくつも欠落することになる。

　もちろん，何もかもを実際に体験することはできないし，シミュレーションや疑似体験が有意義な学習活動は少なくない。しかし，そのような形態の学習をしたからといって，本物の体験と同様の学習が期待できると考えるのは早計かもしれない。

　とりわけ，年少の子どもたちには，本物の具体的な体験ができる機会を十分に保障していくことが重要であると考えられる。学習する内容や学習者の年齢や発達段階によっては，安易にマルチメディアの教材に頼るのではなく，手間と時間をかけた学習の機会を提供していくことが好ましいといえる。

IX-6　子どもにとってのマルチメディア教材

図IX-2　さまざまなマルチメディア教材

（井上）

IX-7　英語で教えるイマージョン教育

　英語圏の学校に留学しなくても国内で英語の授業をしている学校がある。1992年4月に日本で初の英語イマージョン教育を導入した静岡県沼津市の加藤学園は，その後，幼稚園・中学校・高等学校にもイマージョン教育を相次いで導入している。また，2005年には，群馬県太田市において，教育特区の第一号として，外国人教師と英語に堪能な日本人教師を配置する2人担任制のイマージョン教育がぐんま国際アカデミーで始まっている。

　そもそもイマージョンとは，あるものを液体などにどっぷりつけることを意味している。音楽の授業も算数の授業も，「英語がいっぱいのお風呂」にどっぷりつけて，それで英語のコミュニケーション能力を身につけさせようという試みである。「英語がいっぱいのお風呂」とは，いつでも英語が使用されている環境であり，具体的には，幼稚園や学校のなかで教師も仲間の子どもたちも英語を使用している言語環境をさす。

　右側ページの表IX-5は，このようなイマージョン教育の方法をいくつかの項目にまとめたものである。いわゆる外国語の授業とは違って，イマージョン教育は，目標言語をひとつの教科のなかで学習する内容として位置づけるのではなく，原則的にはすべての教科の授業を第二言語でおこなおうとするものである。当然担当の教師は，その第二言語が堪能でなければならない。また子どもも授業中はできるだけその言語を使用することが求められる。しかし，プログラムの最初の段階では，第一言語で話すことも許され，教師はそれを理解できる二言語併用者が担当することになるので，コミュニケーションに大きな不自由は生じない。また，学校内の食堂や運動場など教室以外の場面では，第二言語を話すことを強要しないのが一般的ですが，子どもたちは自然に第二言語を使用するようになることが報告されている。

　イマージョン・プログラムにはいくつかのタイプがあり，その開始時期やイマージョンでおこなうクラスの割合が異なる。ただ，表IX-6に示すとおり，年齢の早い段階で，イマージョン教育を受け始めた子どもたちにおいて，他の子どもと比べてプログラム終了後には，満足度が高いことも報告されている。

表IX-5　カナダのイマージョン・プログラムの教育方法

1. イマージョン教育は強制ではなく，自由な選択でなされる。
2. （ほとんど）すべての教科で第二言語による授業が行なわれる。
3. 教室内での第一言語の使用は，少なくとも最初の1年半は許される。
4. 教師はバイリンガルで子どもの言語は理解するが，第二言語のみ使用する。
5. カリキュラムは，イマージョン教育以外でなされている通常のものを採用する。
6. 教室内のコミュニケーションは，意味内容を重視した自然なものとする。
7. 産出の能力（話す力）より，理解の能力（聞く力）を優先させる。
8. 子どもたちは，はじめ第二言語の能力をほとんど有していないものとする。

注：Baker（1986）を参考に著者が作成

表IX-6　イマージョン教育に関する研究結果

1. 母語使用者と同等の能力を取得するまでに6，7年を要する。
2. プログラムを年少に開始した子どもたちで，より高い満足感が得られる。
3. エリート教育ではなく，学習障害児などにもこのような教育は適している。
4. 同時に二言語で読み書き能力を育成すると混乱が生じる可能性がある。
5. 読み書きに関する能力は，年長の学習者において効果的である。

注：Cummins and Swain（1986）を参考に著者が作成

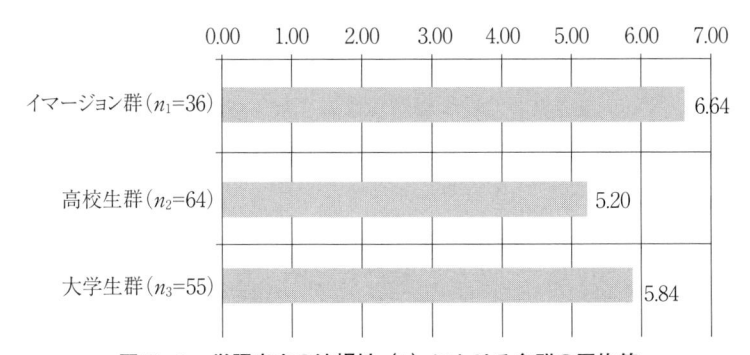

群	平均値
イマージョン群（n_1=36）	6.64
高校生群（n_2=64）	5.20
大学生群（n_3=55）	5.84

図IX-3　単語産出の流暢性（L）における各群の平均値

▶今井（2010）は，上述のぐんま国際アカデミーで4年半のイマージョン教育を受けた中学2年生を対象に，独自に開発した何種類もの英語のテストを実施した。その結果は，同様のテストを実施された一般の大学生や，受験勉強をしている高校2年生の英語力と比べて，平均値において劣ることがなく，図IX-3が示すように，たとえば，"L"で始まる単語を30秒間で出るだけ多く書くという単語産出の流暢性の課題では，イマージョン教育を受けている中学生で成績が統計的に有意に高いことを報告している。

（井上）

IX-8　子どもを海外に連れていくのなら何歳か？

　社会のグローバル化にともない，仕事の都合で海外に渡航することは珍しいことではなくなってきている。そのようなときに，家族に子どもがいるとさまざまな事情により，子どもを日本に残していくべきなのか，同行すべきなのかの選択に迫られることがある。

　井上・清水・湯川（2002）は，6ヶ月以上の長期在外研究の経験のある心理学者72名を対象に質問紙調査を実施した。そこでは，同行家族（とくに子ども）の第二言語の習得過程や現地の学校での適応の問題に焦点をあて，同行すべき子どもの年齢を問題に取り上げている。

　郵送による調査で回答が得られた72名の心理学者のうち，子どもを同行した者は合計39名で，子どもの数は，合計64名であった。また，日本に残してきた子どもの数は合計14名で，子どもが10歳以上の場合に，そのようなケースが多いことが示された。また，「現地での第二言語教育に最適な年齢は？」との質問紙項目に対しては，4歳から6歳を挙げる回答者の数が多く，そのような考えが，子どもを在外研究に同行するかどうかの判断材料のひとつになっていたものと思われる。さらに，その年齢層が最適であると回答した人たちの理由としては，「母語と外国語をともに獲得しうるため」；「日本語がある程度できているため」；「社会性が育ち始めているので，同年齢の子どもとの交流が可能」；「学習しやすいと思うから」などが挙げられた。

　右のページの図IX-4は，子どもを海外に連れて行ったときの，あちらでの教育環境についての回答の内容を示したものである。

　心理学者の多数派の考えによると，第二言語の習得という観点からは，子どもを就学前に海外に連れていくことがよいとみなされている。日常会話が習得できる可能性も，年齢が小さいほど容易であることをデータは示している。また，友だちとの交流が進み，適応的な行動がとれるのは，6歳から8歳，つまり小学校の低学年頃がよいという結果も示されている。もちろん，これらの結果は一様なものではなく，子どもの性格や親による事前の調査や準備によるところが大きいことが推測される。

IX-8 子どもを海外に連れていくのなら何歳か？

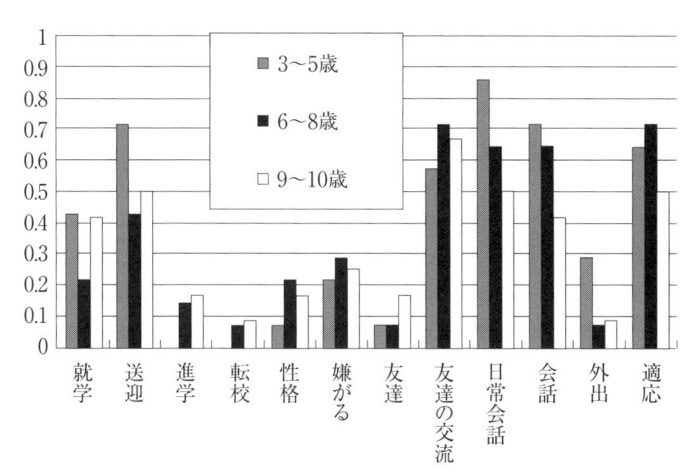

図IX-4 子供の現地での教育環境についての項目への反応

▶縦軸の目盛りは割合であり，以下の項目に該当する回答者がどの程度いたのかを表している。［就学］現地到着時にすでに就学することが決まっている学校があった；［送迎］子どもの通学に伴い毎日の送り迎えなどが必要であった；［進学］滞在中に子どもが進学を経験した；［転校］滞在中に子どもが転校を経験した；［性格］子どもの性格からして，学校や地域社会とうまくなじめなかった；［嫌がる］学校へ行くのを嫌がる様子が何度か見られた；［友達］日本の学校と同じようには友だちを作ることはできなかった；［友達の交流］学校の友だちの家に何度か招待された；［日常会話］日常会話程度の現地のことばは習得しているようであった；［会話］教師の話す現地のことばも大体は理解できているようであった；［外出］子どもだけで外出することが頻繁に見られた；［適応］子どもは現地の生活に適応しているように感じられた。

（井上）

IX-9　子ども時代を戦前のハワイで過ごした日系人

　子ども時代をどのような環境で過ごすかによって，その後の人生が大きく変わってくるというのは，数多くの事例で気づかされることである。ここでは，第二次世界大戦前にハワイで子ども時代を過ごした日系二世の人たちのオーラル・ライフ・ヒストリーの研究（井上，1998）から，その特殊な教育環境や言語環境の及ぼす影響というトピックを取り上げる。オーラル・ライフ・ヒストリーとは，高齢者に自分が歩んできた人生を振り返ってもらい，それをビデオや文書の形で保存し，さまざまな人の目をとおした主観的な歴史的真実を明らかにしようとするものである。

　当時のハワイに住む日系二世の大多数は，英語による授業がおこなわれていた公立学校へ就学したのちも地域の日本語学校へ通っており，そこでは，修身などの授業とともに，標準語に近い日本語での日本語教育がおこなわれていたようである。社会的にはマイノリティであった日系人は，ハワイにおいては人口の3分の1以上の割合を占め，日本語だけで生活することも可能なコミュニティが存在したようである。家庭内でも日本語を話していた二世の子どもたちは，学童期には，公立学校で英語で教育を受け，いわゆるバイリンガルになるとともに，アメリカの文化の中で暮らすようになっていく。

　彼らの多くは，60歳を超えた時点で英語でインタビューを受け，それに英語で答えている。なかには，アメリカの銀行に勤めて日本語の勉強の必要性を感じた男性，公立小学校の校長になった男性，簿記の勉強もして商店の経営者になった女性，アメリカ本土の大学で博士号をとったのちハワイに戻って幼稚園を経営した女性など，不幸な戦争時代を体験しながらも，アメリカ社会の中で立派に活躍する様子が語られている（井上，2002；Ethnic Studies Oral History Project, 1991参照）。

　彼らは成長期を通して，複数の文化の中での葛藤することが多かったようである。しかし，二言語を学ぶことにより，あるいは，複数の文化に接することにより，人間は柔軟な思考が可能になり，物事を複眼的にとらえる力がつくことなどが指摘されている（井上，2002）。

Ⅸ-9　子ども時代を戦前のハワイで過ごした日系人

証言1：School took quite a bit of your time. During the day, you go to school. You go to English school, and as soon as you're through with English school, no sooner you rest for little while, then you go to Japanese‒language school. So, by the time you get home, you don't have much time to play.

≪日本語訳≫　学校にはかなり時間をとられました。昼間学校へ行くでしょ。英語の学校〈公立学校〉に行って、それが終わると休む間もなく、日本語学校でしょ。だから、家に帰ったころには、もう遊ぶ時間もあまりなくて。

BOX　1．日本語学校と公立学校のダブルスクールに関する証言

証言2：I would say that nearly all [the Japanese students at Puunene School] went to Japanese school. You know, the enrolment there at Puunene School, 75 percent, to me, were Japanese. Looks to me that way.

≪日本語訳≫　プーネネ〈公立〉学校の日本人生徒はほとんど全員が、日本語学校に通っていたと言っていいでしょうね。プーネネ校の在籍数の割合は、75％が日系人でしたよ。私にはそうみえました。

BOX　2．公立学校における日系人の割合についての二世の証言

証言3：. . . Dr. Komatsu used to run the hospital down there. ...You see, they had to have this plantation hospital because all these people came from Japan and they don't talk English.

≪日本語訳≫この近所には小松さんが医院をしていましたね。…みんな日本からやって来てて英語が話せないから、〈当時、日系人の多くが住んでいた〉このプランテーションにも、そういう病院が必要だったのでしょう。

BOX　3．当時のコミュニティについての二世の証言

（井上）

あ と が き

　本書『発達と教育－心理学をいかした指導・援助のポイント』の企画は，2008年7月にドイツのヴュルツブルクで開催されたISSBD（International Society for the Study of Behavioural Development）の国際学会での雑談の折に生まれました。本書の執筆者3名が，前書『教育の方法－心理学をいかした指導のポイント』を授業の教科書や参考図書としてもちいながらも，発達的な説明が少ないことを共通で感じていたことがわかり，第一著者の発案で「次は発達と教育を合わせた姉妹版を書いてみましょう」ということになったのです。

　新しくテキストを作るからには，大学や専門学校などの「発達心理学」や「教育心理学」に関連する講義や演習で教科書として使えるだけでなく，幼小中高そして特別支援の先生方や保育士の方々などが読んで役に立つ内容を目指しました。つまり，授業で取り上げられる基本事項と教員採用試験や保育士試験などで出題されやすい重要点を取り上げつつ，教育現場で必要とされている事柄を察知し，それに呼応できるような内容を目標としました。その結果，「特別支援と個性に応じた教育」や「外国語学習と異文化理解」といった章を含めることができ，これまでにない発達と教育のテキストに仕上がったものと思われます。ぜひ多くのみなさまにご一読いただき，ご批判を仰ぐことができれば幸いに存じます。

　このような前例のあまりない企画を温かく見守って，丁寧な作業で本書を仕上げてくださった樹村房の大塚栄一氏と石橋雄一氏に重ねて感謝申し上げます。また，本書を生みだすことができたのも前書が存在したからこそです。前書『教育の方法』の著者で，本書のコンセプトの基盤を作ってくださった大阪府立大学の岡本真彦先生と名古屋大学の北神慎司先生に厚く御礼申し上げます。

2011年5月10日

執筆者を代表して　林　創

引用文献 (アルファベット順)

赤木和重（2008）．乳児の意図理解の発達　加藤義信（編）　資料でわかる認知発達心理学入門　ひとなる書房, pp.44-59.

青木多寿子・丸山（山本）愛子（2010）．ヴィゴツキーの社会文化的視点　森　敏昭・青木多寿子・淵上克義（編）　よくわかる学校教育心理学　ミネルヴァ書房, pp.100-101.

荒木紀幸（2002）．道徳性の発達　山内光哉（編）　発達心理学・上（第2版）　ナカニシヤ出版, pp.137-147.

Arnberg, L. (1991). Raising bilingually: The pre-school years. Multilingual Matters Ltd.

Astington, J. W. (1993). *The child's discovery of the mind*. Cambridge, MA: Harvard University Press.

Atkinson, R.C. & Shiffrin, R.M. (1968). Human memory: A proposed system and its control processes. In K.Spence and J.Spence (Eds.), *The Psychology of Learning and Motivation*, 2, New York: Academic Press.

Baddeley, A.D. (2000). The episodic buffer: A new component of working memory? *Trends in Cognitive Sciences*, **4**, 417-423.

Baillargeon, R., & Graber, M. (1987). Where's the rabbit? 5.5-month-old infants' representation of the height of a hidden object. *Cognitive Development*, **2**, 375-392.

Baker, W., Trofimovich, P., Flege, J.E., Mack, M., & Halter, R. (2008). Child-adult differences in second-language phonological learning: The role of cross-language similarity. Language and Speech, **51**, 317-342.

Bandula, A., Grusec, J. E., & Menlove, F. L. (1967). Vicarious extinction of avoidance behavior. *Journal of Personality and Social Psychology*, **5**, 16-23.

Baron-Cohen, S., Leslie, A., & Frith, U. (1985). Does the autistic child have a "theory of mind"? *Cognition*, **21**, 37-46.

別府　哲（2005）．TEACCHプログラム：自閉症の包括的支援　子安増生（編）　よくわかる認知発達とその支援　ミネルヴァ書房, pp.184-185.

Blakemore, S. J. & Frith, U. (2005). The learning brain: Lessons for education. Oxford: Blackwell.（乾　敏郎・山下博志・吉田千里（訳）（2006）．脳の学習力—子育てと教育へのアドバイス—　岩波書店）

Bowlby, J. (1969, 1971, 1973). Attachment and loss. Vol.1-3. New York: Basic Books. 黒田実郎他（訳）（1976, 1976, 1981）．母子関係の理論　岩崎学術出版

Bruer, J. T (1993). *School for thought: A science of learning in the classroom*. MIT press. （ブルーアー, J. T. 松田文子・森敏昭（監訳）（1997）．授業が変わる—認知心理学と教育実践が手を結ぶとき—　北大路書房）

Bryant, P., & Nunes, T. (2002). Butterworth, G., & Harris, M. (1994). *Principle of Devel-*

172

引用文献

opment Psychology. Lawrence Erlbaum Associates.（村井潤一（監訳） 発達心理学の基礎を学ぶ-人間発達の生物学的・文化的基盤- ミネルヴァ書房）Children's understanding of mathematics. In U.Goswami（Ed.）*Blackwell Handbook of Childhood Cognitive Development*. 421-439.

Demon, W.（1971）. Early conceptions of positive justices as related to the development of logical operation. *Child Development*, **46**, 301-312.

遠藤利彦（2004）. 観察法 高野陽太郎・岡 隆（編） 心理学研究法 有斐閣, pp.212-235.

Ethnic Studies Oral History Project（1991）. "*Public education in Hawaii.*" University of Hawaii Manoa Library.

越中康治・前田健一（2004）. 被分配者の努力要因が幼児の分配行動に及ぼす影響, 広島大学心理学研究, **4**, 103-113.

Erikson, E. H., & Erikson, J. M.（1997）. *The life cycle completed*（*Extended version*）. New York: W. W. Norton.

Foley, M.A., Hughes, K., Librot, H., & Paysnick, A.（2009）. Imagery encoding effects on memory in the DRM paradigm: A test of competing predictions. *Applied Cognitive Psychology*, **23**, 828-848.

Frith, U. 冨田真紀・清水康夫（訳）（1989）. 自閉症の謎を解き明かす 東京書籍

Frydman, F., & Bryant, P.（1988）. Sharing and the understanding of number equivalence by young children. *Cognition Development*, **3**, 323-339.

藤田哲也（2007 a）. 教育心理学について学ぶ意味 藤田哲也（編） 絶対役立つ教育心理学 ミネルヴァ書房, pp.1-14.

藤田哲也（2007 b）. 学習のメカニズム 藤田哲也（編） 絶対役立つ教育心理学―実践の理論, 理論を実践― ミネルヴァ書房

藤村邦博・大久保純一郎・箱井英寿（編著）（2000）. 青年期以降の発達心理学 北大路書房

藤村宣之（2005）. 加齢：年齢を重ねることによる変化 子安増生（編） よくわかる認知発達とその支援 ミネルヴァ書房, pp.4-5.

藤岡久美子（2010）. 頭が良いってどういうこと？ 川島一夫・渡辺弥生（編） 図で理解する発達 福村出版, pp.121-134.

Gelman, R.（1972）. Logical capacity of very young children: Number invarience rules. *Child Development*, **43**, 75-90.

Gelman, R. & Gallistel, C. R.（1978）. *The child's uuderstanding of number*. Harvard Univ. Press.（ゲルマン, R＆ガリステル, C. R. 小林芳郎・中島 実（訳）（1988）. 数の発達心理学 田研出版）

郷式 徹（2003）. 乳幼児が世界を知るメカニズム 無藤 隆・岩立京子（編） 乳幼児心理学 北大路書房 pp.31-44.

Greene, D., & Lepper, M. R.（1974）. Effects of extrinsic rewards on children's subsequent intrinsic interest. *Child Development*, **45**, 1141-1145.

林　創（2002）．児童期における再帰的な心的状態の理解　教育心理学研究, **50**, 43-53.

林　創（2006）．二次の心的状態の理解に関する問題とその展望　心理学評論, **49**, 233-250.

林　創（2007）．発達の理論─発達を見つめる枠組み．藤田哲也（編）　絶対役立つ教育心理学─実践の理論理論を実践─　ミネルヴァ書房　pp.117-131.

平井信義・山田まり子（1989）．子どものユーモア：おどけ・ふざけの心理, 創元社

細野美幸（2006）．子どもの類推の発達─関係類似性に基づく推論─　教育心理学研究, **54**, 300-311.

Huttenlocher, P.R. and Dabholkar, A.S.（1997）．Regional differences in synaptogenesis in human cerebral cortex. *The Journal of Comparative Neurology*, **387**, 167-178.

今井信一（2010）．イマージョン・プログラムを受けている生徒の英語能力に関する研究．日本教育心理学会第52回大会発表論文集, 508.

稲垣佳代子（1995）．生物概念の獲得と変化─幼児の素朴生物学をめぐって　風間書房

稲垣佳代子（1996）．概念的発達と変化　波多野誼余夫（編）認知心理学5　学習と発達　東京大学出版会, pp.59-86.

井上智義（1999）．人間の情報処理における聴覚言語イメージの果たす役割　北大路書房

井上智義（2009）．誤解の理解：対話115例で解説するコミュニケーション論　あいり出版

井上智義（1995）．「おどけ／ふざけ」（岡本夏木・清水御代明・村井潤一監修　発達心理学辞典, pp 68）ミネルヴァ書房

井上智義（1998）．マウイの日系二世の教育と言語環境：オーラル・ヒストリーの分析をもとにした心理的アプローチ（沖田行司編　ハワイ日系社会の文化とその変容　第5章, 127-155）ナカニシヤ出版

井上智義・清水寛之・湯川隆子（2002）．心理学者の在外研究生活に関する調査研究（2）．日本教育心理学会第44回総会発表論文集

井上智義（2002）．幼児のメタ言語能力とコミュニケーション（村井潤一編　乳幼児の言語・行動発達：機能連関的研究　第4章, 第3節, pp.304-324）風間書房

井上智義（2005）．バイリンガルの言語習得と生活文化　（同志社大学教育文化学研究室編著　教育文化学への挑戦　第4章, 100-125.）明石書店

井上智義（2007）．比喩とアナロジー的思考　井上智義・岡本真彦・北神慎司　教育の方法─心理学をいかした指導のポイント─　樹村房, pp.18-19.

井上智義・山名裕子（2008）．大学生の幼児期の記憶（2）─繰り返しの出来事と一度きりの出来事の記憶の比較-日本心理学会第72回大会論文集, p.885.

石﨑一記（2004）．発達を促す　桜井茂男（編著）楽しく学べる最新教育心理学─教職にかかわるすべての人に─　図書文化社, pp.23-39.

磯部　潮（2005）．発達障害かもしれない─見た目は普通の, ちょっと変わった子　光文

引用文献

社新書
板倉昭二（2007）．心を発見する心の発達　京都大学学術出版会
伊藤直樹（編）（2006）．教師をめざす人のための青年心理学　学陽書房
岩男卓実・植木理恵（2007）．メタ認知と学習観　藤田哲也（編）　絶対役立つ教育心理学　ミネルヴァ書房, pp.101–115.
金子智栄子（2003）．自己と情動の発達　無藤　隆・岩立京子（編）　乳児心理学　北大路書房, pp.87–102
川畑　隆・菅野道英・大島　剛・宮井研治・笹川宏樹・梁川　惠・伏見真里子・衣斐哲臣（2005）．発達相談と援助―新版K式2001を用いた心理臨床　ミネルヴァ書房
木下孝司（2005）．馴化／脱馴化：見慣れないものを区別する子安増生編　よくわかる認知発達とその支援　ミネルヴァ書房, pp.84–85.
木下孝司（2008）．乳幼児期における自己と「心の理解」の発達　ナカニシヤ出版
木下孝司（2010）．子どもの発達に共感するとき―保育・障害教育に学ぶ　全国障害者問題研究会出版部
小林春美（1995）．語彙の発達　大津由紀雄（編）認知心理学3　言語　東京大学出版会, pp.65–79.
子安増生・西垣順子・服部敬子（1998）．絵本形式による児童期の〈心の理解〉の調査　京都大学教育学部紀要, **44**, 1–23.
Kuhl, P. K., Tsao, F. M., & Liu, H. M. (2003). Foreign-language experience in infancy: Effects of short-term exposure and social interaction on phonetic learning. *Proceedings of National Academy of Sciences*, **100**, 9096–9101.
鯨岡　峻（2008）．子どもの発達を「過程」として捉えることの意味　発達, **113**, 18–25.
日下正一（1993）．認知心理学的発達観に組み込まれたR. Gelman（1972）の実験の批判的検討　心理科学, **15**, 22–45.
Leekam, S. (1991). Jokes and lies: Children's understanding of intentional falsehood. In A. Whiten (Ed.), *Natural theories of mind: Evolution, development and simulation of everyday mindreading* (pp.159–174). Oxford: Basil Blackwell.
Lewin, K. L. (1951). *Field theory in social science: Selected theoretical papers*. New York: Harper & Brothers. 猪股佐登留（訳）（1956）．社会科学における場の理論　誠心書房
正高信男（2004）．天才はなぜ生まれるか　ちくま新書
松村暢隆（1995）．子供はどのように心を発見するか―心の理論の発達心理学　新曜社
正高信男（2009）．天才脳は「発達障害」から生まれる　PHP新書
松沢哲郎（2002）．進化の隣人ヒトとチンパンジー　岩波新書
McCloskey, M., Washburn, A., & Felch, L. (1983). Intuitive physics: The straight-down belief and its origin. *Journal of Experimental Psychology: Learning, Memory, and Cognition*, **9**, 636–649.
McGhee, P.E. (1979). "Humor: Its origin and development." San Francisco: W.H. Freeman and Company.

丸山真名美（2008）．時間概念の発達　加藤義信（編）　資料でわかる認知発達心理学入門　ひとなる書房, pp.120-133.
丸山良平・無藤　隆（1997）．幼児のインフォーマル算数について　発達心理学研究, 8, 98-110.
明和政子（2006）．心が芽生えるとき　NTT出版
Mitchell, P. 菊野春雄・橋本祐子（2000）．心の理論への招待　ミネルヴァ書房
箕浦康子（1990）．文化のなかの子ども　東京大学出版会
水谷宗行（2002）．発達と学習　弓野憲一（編）　発達・学習の心理学　ナカニシヤ出版, pp.1-4.
無藤　隆（1998）．自ら学ぶ子を育てる　金子書房
無藤　隆（編）（2004）．よくわかる発達心理学　ミネルヴァ書房
文部科学省（2008）．幼稚園教育要領解説　フレーベル館
村井潤一（1987）．発達と早期教育を考える　ミネルヴァ書房
中島　実（1997）．社会的認知　北尾倫彦・中島　実・井上　毅・石王敦子（編）　グラフィック心理学　サイエンス社, pp.87-114.
中間玲子（2007）．青年期の発達　藤田哲也（編）絶対役立つ教育心理学―実践の理論, 理論を実践―　ミネルヴァ書房, pp.183-200.
中島信子（2008）．子どもは「物理学者」か―地球は平ら, それとも丸い？　内田伸子（編）よくわかる乳幼児心理学　ミネルヴァ書房, pp.170-171.
中沢和子・丸山良平（1998）．保育内容　環境の探求　相川書房
西林克彦（1988）．面積判断における周長の影響―その実態と原因　教育心理学研究, 36, 120-128.
西林克彦（1994）．間違いだらけの学習論　新曜社
大久保義美（2002）．発達の概念　内田照彦・増田公男（編）　要説　発達・学習・教育臨床の心理学　北大路書房, pp.12-21.
大坪治彦（2004）．親の顔を見分ける赤ちゃん　無藤　隆・岡本祐子・大坪治彦（編）よくわかる発達心理学　ミネルヴァ書房, pp.20-21.
大村彰道（編）（1996）．教育心理学Ⅰ　発達と学習指導の心理学　東京大学出版会
J. ピアジェ（著）・中垣啓（訳）（2007）．ピアジェに学ぶ認知発達の科学　北大路書房
Piaget, J., & Szeminska, A.（1941）. *La genèse du nomber chez l'enfant*. Delachaux et Niestle S. A.（ピアジェ, J.・シュミンスカ, A. 遠山啓・銀林浩・滝沢武久（訳）（1962）. 数の発達心理学　国土社）
Premack, D., & Woodruff, G.（1978）. Does the chimpanzee have a theory of mind? *The Behavioral and Brain Sciences*, 1, 515-526.
Premack, D. & Premack, A. J.（1997）. Infants attribute value + or- to the goal-directed actions of self-propelled objects. *Journal of Cognitive Neuroscience*, 9, 848-856.
Premack, A. J. & Premack, D.（2003）. *Original intelligence: Unlocking the mystery of who we are*. New York: McGraw-Hill. 鈴木光太郎・長谷川寿一（訳）（2005）. 心の発

引用文献

　　生と進化―チンパンジー,赤ちゃん,ヒト―　新曜社
佐伯　胖（2004）．「わかり方」の探求　小学館
坂田陽子（2008）．乳幼児の知覚世界　加藤義信（編）　資料でわかる認知発達心理学入門　ひとなる書房，pp.12-27．
Sarnecka, B. W., Kamenskaya,V. G., Yamana, Y., Ogura, T., & Yudovina Y. B.（2007）. From grammatical number to exact numbers: Early meanings of 'one','two', and 'three'in English, Russian, and Japanese. *Cognitive Psychology*, **55**, 136-168.
芝﨑美和（2010）．何が良いこと？　悪いこと？　川島一夫・渡辺弥生（編）　図で理解する発達―新しい発達心理学への招待―　福村出版，pp.177-190．
嶋津峯眞（監修）．・生澤雅夫・松下裕・中瀬　惇（編）（1992）．新版K式発達検査法―発達検査の考え方と使い方―　ナカニシヤ出版
清水美智子（1996）．遊びと学習―発達と教育における遊びの意義　高橋たまき・中沢和子・森上史郎（共著）　遊びの発達学―展開編　培風館　pp.130-152．
白井利明（2001）．〈希望〉の心理学―時間的展望をどうもつか　講談社
Siegler. R. S.（1996）. *Emerging minds*. Oxford University Press.
外山紀子・外山美樹（2005）．やさしい発達と学習　有斐閣
鈴木亜由美（2010）．道徳性の発達　森　敏昭・青木多寿子・淵上克義（編）　よくわかる学校教育心理学　ミネルヴァ書房，pp.120-121．
Squire, S., & Bryant, P.（2002）. The influence sharing on children's initial concept of division. *Journal of Experimental Child Psychology*, **81**, 1-43.
Starkey, P., & Cooper, R. G. Jr.（1980）. Perception of numbers by human infants. *Science*, **210**, p.1033-1035.
立元　真（2004 a）．困ったことをするようになる　無藤　隆・岡本祐子・大坪治彦（編）よくわかる発達心理学　ミネルヴァ書房，pp.52-53．
立元　真（2004 b）．うそをつく　無藤　隆・岡本祐子・大坪治彦（編）よくわかる発達心理学　ミネルヴァ書房，pp.54-55．
多賀厳太郎（2002）．脳と身体の動的デザイン　金子書房
高橋　晃（1994 a）．環境閾値説　重野　純（編）　キーワードコレクション心理学　新曜社，pp.320-323．
高橋　晃（2004 b）．行動療法　重野　純（編）　キーワードコレクション心理学　新曜社
田上不二夫（1984）．恐怖症・不安神経症　祐宗省三・春木　豊・小林重雄（編）　新版行動療法入門　川島書店
田中あゆみ（2007）．動機づけの基礎　藤田哲也（編）　絶対役立つ教育心理学―実践の理論，理論を実践―　ミネルヴァ書房，pp.31-41．
高杉自子（2006）．子どもともにある保育の原点　ミネルヴァ書房
丹野義彦・坂本真士・石垣琢磨（2009）．臨床と性格の心理学　岩波書店
多鹿秀継（2009）．人間の発達と児童期　多鹿秀継・南　憲治（編）　児童心理学の最先

端　あいり出版, pp.2-13.
戸田まり（2004）．大人も変わる　無藤　隆・岡本祐子・大坪治彦（編）よくわかる発達心理学　ミネルヴァ書房, pp.186-187.
Tomasello, M.（1999）. *The Cultural Origins of Human Cognition*. Harvard University Press. 大堀壽夫・中澤恒子・西村義樹・本多　啓（訳）（2006）．心とことばの起源を探る—文化と認知—　勁草書房
富田昌平（2008）．子どもの「想像世界」のヒミツ　都筑学（編）やさしい発達心理学—乳児から青年までの発達プロセス—　ナカニシヤ出版, pp.119-138.
Torrance, E. P.（1974）. *Torrance Tests of Creative Thinking. Scholastic Testing*. Service, Inc..
塚越奈美（2007）．幼児期における願いごとに関する理解：「魔術的」に見える現象をどのように理解するのか？　発達心理学研究, **18**, 25-34.
津守　真（2002）．乳幼児精神発達診断法　松原達哉（編）第4版心理テスト法入門—基礎知識と技法習得のために—　日本文化科学社　pp.40-41.
常田美穂（2008）．コミュニケーション能力の発達　加藤義信（編）資料でわかる認知発達心理学入門　ひとなる書房, pp.28-43.
津々清美（2010）．報酬量の違いが5歳児の報酬分配行動に及ぼす影響，心理学研究, **81**, 201-209.
都筑　学（1999）．大学生の時間的展望—構造モデルの心理学的検討　中央大学出版部
宇田倫子（1996）．認知の発達　菅俊夫（編）発達心理学　法律文化社, pp.62-86.
渡辺弥生（1992）．幼児・児童における分配の公正さに関する研究　風間書房
Wellman, H.（1990）. *The child's theory of mind*. MIT Press.
Wimmer, H., & Perner, J.（1983）. Beliefs about beliefs: Representation and constraining function of wrong beliefs in young children's understanding of deception. *Cognition*, **13**, 103-128.
Winnicott, D. W.（1971）. *Playing and reality*. New York: Basic Books. 橋本雅雄（訳）（1979）．遊ぶことと現実　岩崎学術出版社
Wynn, K.（1990）. Children's understanding of counting. *Cognition*, **36**, 155-193.
Wynn, K.（1992）. Addition and subtraction by human infants. *Nature*, **358**, 749-750.
山口真美（2005）．視覚世界の謎に迫る　講談社ブルーバックス
山本利和（2002）．知能の定義　内田照彦・増田公男（編）要説　発達・学習・教育臨床の心理学　北大路書房, pp.53-56.
山本利和（2000）．知能とことばの発達　内田照彦・松田公男（編）要説　発達・学習・教育臨床の心理学　北大路書房, pp.53-60.
山名裕子（2005）．幼児における配分方略の選択：皿1枚あたりの数の変化に着目して　発達心理学研究, **16**, 135-144.
弓野憲一（2002）．知能と創造性の発達と育成　弓野憲一（編）発達・学習の心理学　ナカニシヤ出版, pp.97-112.

さくいん

あ行

愛着　48, 49, 50
アイデンティティ　12, 13, 14
足場づくり　10
アスペルガー障がい　141
アスペルガー症候群　136, 137
遊び　80, 82, 83, 84, 88, 112
遊びではない遊び　82
遊びと学び　82
アンダーマイニング現象　126, 127
安定した正誤の基準　122, 123
移行対象　48
一語文　38
遺伝説　6
遺伝と環境　6
意図の理解　46
異文化体験　160
異文化の受容　160
異文化理解　158
イマージョン教育　164
意味記憶　69, 72
イメージ　23, 76, 77, 84, 85, 154
イメージの共有　46, 47, 85
因果的説明の枠組み　24
インタビュー　168
インフォーマル算数の知識　86, 102

ウィン　32, 36, 37
ヴィゴツキー　10
ウェクスラー　144, 145
ウェルニッケ領野　42, 43
うそと冗談の区別　106, 107
うそをつく　104, 106
運用能力　152
英語イマージョン教育　164
英語能力　152, 154
英語落語　154, 155
エインズワース　48
ADHD（Attention Deficit/ Hyperactivity Disorder）　134, 137, 141
A not B エラー　26
エピソード記憶　69, 72
エピソディック・バッファー　74, 75
エリクソン　12, 13
LD（Learning Disabilities）　134, 137
延滞模倣　8, 84
オーラル・ライフ・ヒストリー　168
おどけ　112
オペラント条件づけ　58, 60, 61
音韻表象　40
音韻ループ　74
音声言語　110, 142, 156

か行

回帰効果　122
外国語　40, 120, 166
外国語学習　120
外国語活動　152, 153
外国語教育　152
概念駆動型処理　66
概念的な学習　70
外発的動機づけ　126
カウンティング　31, 33
書きことば　152, 154
拡散的思考　94, 148
獲得　8, 24, 34, 38, 39, 40, 48, 52, 53, 54, 55, 83, 86, 88, 90, 142, 152, 166
学習　58, 60, 62, 63, 70, 122, 123, 124
学習意欲　62
学習障がい　136, 137, 138, 141
学習性無力感　60
重なり合う波のモデル　4, 5
数の理解　34
学校での適応　166
家庭内言語環境　156
感覚運動期　4, 8, 9, 20, 22, 26, 27
感覚記憶　68, 69
環境　168
環境閾値説　6, 7
環境優位説　6

179

観察学習　124	言語態度　156	コンピテンス　152
感情　14	言語知識　152	
記憶実験　76,77	言語発達の遅れ　136	**さ行**
記憶の多重モデル　68	語彙の爆発期　38	サヴァン症候群　138
記憶方略　76	好奇心　160	サビタイズ　36
疑似体験　162	高機能広汎性発達障がい	3歳児神話　92
基数　32,33,34	136	シーグラー　4
機能的固着　148	高機能自閉症	ジェンセン　6
客観的責任概念　98	134,136,137	視覚イメージ　70,76,77
キュードスピーチ　110	口語法　142	視覚イメージ情報　74
吸啜反射　20	高次な認知機能	視覚経験　21
教育機器　162	72,74,92	視覚的断崖　20
強化　60	構造化　138	時間的展望　12,13
境界性人格障がい　14,15	行動形成　124	時間の感覚　88
共同注意　46	行動主義　6,58	視空間スケッチパット
恐怖学習　58,59	行動様式　8,158	74,75
ギルフォード　144	行動療法　124	
均衡化　8,24	広汎性発達障がい	自己　90,91
均等配分　100	136,137	自己主張　90
均衡配分行動　102,103	口話法　142	自己制御　90
クーイング　38	コールバーグ　98,99	自己中心性　29
具体的操作期	刻印づけ（刷り込み）　6	自己抑制　90
4,5,8,9,28,64	国際結婚　156	視線　46
経験説　6	国際理解教育　158	失語症　42
形式的操作期　8,9,64	心の理解　52,53,54	質問紙調査　166
ケイス　34	誤信念課題	自伝的記憶　72
系統的脱感作法　124	52,53,54,55	児童期　106,107
軽度発達障がい　136,137	古典的条件づけ	自発的な遊び　140
結晶性知能	58,59,60	自文化中心主義　158
16,17,148,149	ことば遊び　110	自閉症
ゲゼル　6	コミュニケーション障がい	53,136,137,138,140,141
ゲルマン　30	141,142	自閉症障がい　136
言語運用　120	コミュニケーション能力	自閉症スペクトラム
言語獲得装置　64	154,155	136,137
言語指導　142	語用論　120	シミュレーション　162
言語使用　120,156,157	語用論的アプローチ　120	就学時検診　146
言語情報　62,70,162	コントロール　130,131	収束的思考　94,148
		習得　40

さくいん

主観的責任概念　98
主体的にかかわる　80
手話　142, 143
手話言語　142
自由遊び　112
馴化・脱馴化法
　　　　　22, 23, 51
障がい　14
生涯発達　16
少数派言語　156
生得的　36, 60, 64
生得説　6
社会的学習理論　62
社会的少数派　142
社会的・情緒的信号　48
社会的表示規則　106
社会・文化的価値　10
象徴　84
条件刺激　58, 59
条件反応　58, 59
冗談　106, 107, 112
情報処理　66, 74
初期経験　6
叙述の指さし　46, 47
序数　32, 33, 34
序数と基数　32, 33, 34
シンキングアラウド法
　　　　　130
神経回路　40
心理社会的危機　12, 13
随伴性　60
数量概念　88
数量の感覚　34, 86
数量の理解　86
ステレオタイプ　128
ストレンジ・シチュエーション法　48, 49

生活年齢　140, 144, 146
生活文化　156, 158, 159
生活様式　156, 158
成熟優位説　6
精神遅滞児　6, 124
精神年齢　144
成人期　16
成長曲線　2
青年期　12, 13, 14, 15, 16
正の強化　60
正のフィードバック
　　　　　122, 123
摂食障がい　14, 15
宣言的知識　70, 71
先行オーガナイザー　62
全身反応教授法　154
前操作期　4, 8, 9, 28, 114
創造性　94, 148
創造性検査　94
想像世界　108
想像力　154
育て―育てられる　4
素朴心理学　24, 52, 64, 65
素朴生物学　24, 64, 65
素朴物理学
　　　　　22, 24, 25, 64, 65
素朴理論　24, 64
存在論的区別　24

た行

対象の永続性　22, 26, 27
対人恐怖　14, 15
第二言語　40, 164, 166
大脳半球　42
多語発話　38
短期記憶　68, 69, 74
知的障がい　136, 137

知能検査
　　　　　94, 129, 140, 144
知能指数　144, 145, 146
知能の首尾一貫性　24
注意　58, 60
注意欠陥他動性障がい
　　　　　136, 137, 141
中央制御装置　74, 75
中性刺激　58, 59
聴覚イメージ　76
聴覚障がい　110, 140, 142
調節　8, 24
長期記憶　68, 69, 74
直後のフィードバック
　　　　　122, 123
直接的教授法　154
通過率　146
通級　134
TEACCHプログラム　138
データ駆動型処理　66
デーモン　98, 100, 101
手続き的知識　70, 71
伝統文化　158, 159
統合教育　134
統合失調症　14, 15
同音異義語　110
同化　8, 160
動機づけ　126, 127, 156
道徳性　51, 98, 99, 102
道徳的判断　98
特異的言語発達遅滞
　　　　　141
特殊教育　134
特別支援　134
特別支援学校　134
特別支援教育　136
トップダウン的アプローチ

181

な行

内発的動機づけ　126
仲間意識　118
なぞなぞ　110, 111
喃語　38
二言語　168
二言語環境　156
二言語併用者　164
二語文・二語発話　38
二次の心的状態の理解
　　　　　　　　106
日系二世　168
日本語教育　168
日本手話　142
乳児期　26
ニューネス　102
ニューメラシー　34
人間の情報処理　68
認知・行動・情動　160
認知スタイル　42, 152
認知的な葛藤　24
脳細胞　41, 92
脳の可塑性　40
ノーマライゼーション
　　　　　　　　134

は行

把握反射　20
場依存　152
配分行動　100
バイリンガリズム
　　　　　　156, 157
バイリンガル　156, 157
バビンスキー反射　20
パブロフの犬　58
発見学習　62

発達曲線　2, 3
発達検査　140, 147
発達指数　146
発達段階　2, 4, 64, 148
発達の最近接領域
　　　　　　10, 11, 82
発達の非連続性　4
発達の連続性　4
発達をうながす　10
発達を待つ　10
発問　62
場独立　152
話しことば　138, 152, 154
パフォーマンス　152
反射　20
ハロー効果　128
ピグマリオン効果　128
ビネー　144
ピアジェ
　　8, 10, 12, 20, 22, 24, 26,
　　　　　　　　30, 114
皮肉　106, 107
比喩理解　110
表象　26, 52, 84
敏感期　6, 38, 39
フォーマル算数の知識
　　　　　　　　86
ふざけ　112
負の強化　60
ブライアント　102
ブローカ領野　42, 43
プログラム学習　124
文化　158, 168
文化相対主義　158
文化的背景　158
分配行動　100
分配・配分　102

文法訳読法　154
忘却　68
母語　40, 142, 166
保存概念　28
保存課題　8, 28, 29, 31
ボトムアップ的アプローチ
　　　　　　　　66, 67

ま行

マターナル・デプリベーション　48
マルチメディア教材
　　　　　　162, 163
見立て　8
無条件刺激　58, 59
無条件反応　58, 59
メタ認知知識　130, 131
メタ言語能力　120
メタ認知　130, 131
面接調査　160
盲・聾・養護学校　134
目標言語　142, 154
モニタリング　130, 131
モラトリアム　12
モロー反射　20
問題解決　94, 114

や行

役割取得能力　98
有意味受容学習　62
U字曲線　2
ユーモア　112
ユーモアの認知発達
　　　　　　112, 113
指さし　46, 47, 52, 54
指さしの理解　55

さくいん

指文字　142
幼児期
　　20, 30, 80, 94, 104, 108,
　　　　　　112, 140, 148

ら行

落語メソッド　154
リテラシー　34
流動性知能
　　　　　　16, 17, 148, 149
領域一般性　4, 64
領域固有性　4, 64
臨界期　6, 38
類推（アナロジー）　114
レディネス　6, 10
ろう者　142
老年期　16
ろう文化　142

ローゼンサール　128, 129

わ行

ワーキングメモリ
　　　　　　74, 75
笑い　112
わり算　102

[執筆者]

井上智義（いのうえ・ともよし）
1982　京都大学大学院教育学研究科博士課程退学
1997　博士（教育学）
現在　同志社大学社会学部教授
主著　『教育の方法』（共著）樹村房（2007），『福祉の心理学』（単著）サイエンス社（2004），『異文化との出会い！　子どもの発達と心理：国際理解教育の視点から』（編著）ブレーン出版（2002）

山名裕子（やまな・ゆうこ）
2002　神戸学院大学大学院人間文化研究科博士課程単位取得後退学
2004　博士（人間文化学）
現在　秋田大学教育文化学部准教授
主著　『児童心理学の最先端―子どもの育ちを科学する』（共著）あいり出版（2009），『誤解の理解』（共著）あいり出版（2009），『幼児における均等配分行動の発達的変化』（単著）風間書房（2005）

林　創（はやし・はじむ）
2003　京都大学大学院教育学研究科博士課程修了
2003　博士（教育学）
現在　神戸大学大学院人間発達環境学研究科准教授
主著　『大学生のためのリサーチリテラシー入門―研究のための8つの力―』（共著）ミネルヴァ書房（2011），『再帰的事象の認識とその発達に関する心理学的研究』（単著）風間書房（2008），『絶対役立つ教育心理学―実践の理論，理論を実践―』（共著）ミネルヴァ書房（2007）

発達と教育　心理学をいかした指導・援助のポイント

2011年5月25日　初版発行
2015年11月6日　初版第3刷

著　者Ⓒ　井　上　智　義
　　　　　山　名　裕　子
　　　　　林　　　　　創

検印廃止

発行者　大　塚　栄　一

発行所　株式会社　樹村房
　　　　　　　　　JUSONBO

〒112-0002　東京都文京区小石川5丁目11番7号
　　　　　　電　話　東　京　(03) 3868-7321
　　　　　　Ｆ Ａ Ｘ　東　京　(03) 6801-5202
　　　　　　http://www.jusonbo.co.jp/
　　　　　　振替口座　　00190-3-93169

印刷・製本／亜細亜印刷株式会社
ISBN 978-4-88367-199-1　乱丁・落丁本はお取り替えいたします。

発達過程の理解

発達心理学の基本的な考え方，ピアジェやヴィゴツキーなどの基礎的な理論を紹介しています。発達心理学は乳幼児期の問題はもちろん，胎児期から老年期まで，人間の一生涯の発達の問題を扱います。何歳になれば何ができるか，というような単純な理解だけでなく，外からは見えにくい発達過程の問題を理解して，一人ひとりの子どもに応じた教育を考えることが重要です。

認知発達の基礎

赤ちゃんは，生まれる前か認知情報処理の準備をしていくのことが認識できているとおとな」ではありません。子りに毎日多くの問題解決をし達の基礎もこちらの章で紹介

学習と記憶の基礎

心理学の用語としての「記憶」や「学習」は，非常に幅の広いものです。私たちの思考や行動も，すべて記憶によって支えられています。学習によってその記憶も変化します。また，記憶にはさまざまな種類の記憶があります。それぞれの特徴を知っておくと，効果的な教育，効率のよい学習が可能になります。

遊びの中の学び

早期教育の重要性が叫ばれから学習することに大きな意的な制約により自発的な遊びスの側面があることも見逃を観察していると，子どもていく様子がよくわかりま

子どもの行動と適切な援助

子どもの立場に立って子どもの行動の意味を読みとることは，じつに難しいことです。かりに一つの同じ行動ができるようになったとしても，誰かに強制されてしたのと，自ら自発的にしたのとではその意味するところは異なります。「正しい」行動を教えて，結果を急ぐのではなく，子ども自身が考え，変化するのを待つ姿勢も，好ましい援助には必要な場合があります。子どもがじっくり考えることができる環境づくりは，もちろん大切です。

特別支援と個性に応じた

障がいの診断名だけではることはできません。同じ一人ひとりはみんな異なるな子どもたちと接するときを知識として持ち合わせてひとりの個性に着目して，いものです。